Mitarbeiterbeteiligung

CLAUDIA KRÜGER

Mitarbeiter-
beteiligung

Unternehmensfinanzierung und
Mitarbeitermotivation

bank-verlag medien

Art.-Nr. 22.385-0700

Copyright 2008 by Bank-Verlag Medien GmbH · Postfach 45 02 09 · 50877 Köln

Das Werk einschließlich aller seiner Teile ist urheberrechtlich geschützt. Jede Verbreitung außerhalb der engen Grenzen des Urheberrechtsgesetzes ist ohne Zustimmung der Bank-Verlag Medien GmbH unzulässig und strafbar. Dies gilt insbesondere für die Vervielfältigung, Übersetzung, Mikroverfilmung sowie die Einspeicherung und Verarbeitung in elektronischen Systemen.

Druck: ICS Communikations-Service GmbH, Bergisch Gladbach

ISBN 978-3-86556-134-3

Bibliografische Information Der Deutschen Bibliothek
Die Deutsche Bibliothek verzeichnet diese Publikation in der Deutschen Nationalbibliografie; detaillierte bibliografische Daten sind im Internet über http://dnb.ddb.de abrufbar.

Inhaltsverzeichnis

Vorwort		13

Abkürzungsverzeichnis		15

Abbildungsverzeichnis		17

A.	Historische Entwicklung der Mitarbeiterbeteiligung	19

I.	Entwicklung im 19. Jahrhundert	19
II.	Entwicklung im 20. Jahrhundert	20
III.	Politische Entwicklungstendenzen 2000 bis 2007	22

B.	Gründe für die Einführung einer Mitarbeiterbeteiligung	25

I.	Steigerung der Mitarbeitermotivation		28
II.	Personalpolitische Gründe		29
III.	Finanzwirtschaftliche Gründe		31
	1.	Instrument der Unternehmensfinanzierung	31
	1.1	Wandel der Kreditwirtschaft	32
	1.2	Der deutsche Mittelstand und seine Eigenkapitalausstattung	33
	1.3	Mitarbeiterbeteiligung als alternative Finanzierungsquelle	33
	2.	Instrument der Sanierung	35
IV.	Lösung der Unternehmensnachfolge-Problematik		36

V.	Flexibilisierung der Entlohnung	37
VI.	Zusätzliche Altersvorsorge	38

C.	Ausrichtungen der Mitarbeiterbeteiligung	41

I.	Der Begriff der Mitarbeiterbeteiligung	41
II.	Die materielle Mitarbeiterbeteiligung	41
	1. Erfolgsbeteiligung	41
	1.1 Formen der Erfolgsbeteiligung	42
	1.1.1 Leistungsbezogene Erfolgsbeteiligung	42
	1.1.2 Ertragsbezogene Erfolgsbeteiligung	43
	1.1.3 Gewinnbezogene Erfolgsbeteiligung	43
	1.1.4 Wertbezogene Erfolgsbeteiligung – Aktienoptionen	43
	• Definition	44
	• Abgrenzung zur Kapitalbeteiligung	44
	• Gesellschaftsrechtliche Grundlagen	44
	– Erwerb eigener Aktien	44
	– Genehmigtes Kapital	45
	– Bedingtes Kapital	45
	1.2 Rechtliche Grundlagen der Erfolgsbeteiligung	46
	1.3 Verwaltungs-, Informations- sowie Kontrollrechte des Mitarbeiters	46
	1.4 Haftung des Mitarbeiters	47
	2. Kapitalbeteiligung	47
	2.1 Beteiligung am Fremdkapital – Mitarbeiterdarlehen	48
	2.1.1 Verwaltungs-, Informations- und Kontrollrechte des Mitarbeiters	48
	2.1.2 Vermögensrechte des Mitarbeiters	49
	2.1.3 Haftung des Mitarbeiters	49
	2.1.4 Vorteile und Nachteile	49
	2.2 Beteiligung am Eigenkapital	50
	2.2.1 GmbH-Anteile	50
	• Verwaltungs-, Informations- und Kontrollrechte des Mitarbeiters	51
	• Vermögensrechte des Mitarbeiters	51
	• Haftung des Mitarbeiters	52
	• Veräußerbarkeit und Handelbarkeit der GmbH-Anteile	52
	• Austritt aus der Gesellschaft	52
	• Vorteile und Nachteile	53

	2.2.2	Belegschaftsaktien	53
		• Verwaltungs-, Informations- sowie Kontrollrechte des Mitarbeiters	53
		• Vermögensrechte des Mitarbeiters	54
		• Haftung des Mitarbeiters	54
		• Veräußerbarkeit und Handelbarkeit der Belegschaftsaktie	54
		• Vorteile und Nachteile	55
	2.3	Mezzanine-Beteiligung (Eigenkapitalersatz)	55
	2.3.1	Stille Beteiligung	56
		• Verwaltungs-, Informations- sowie Kontrollrechte des Mitarbeiters	56
		• Vermögensrechte des Mitarbeiters	56
		• Haftung des Mitarbeiters	57
		• Verlustbeteiligung	57
		• Ausgestaltung als Fremd- oder Eigenkapital	57
		• Veräußerbarkeit und Handelbarkeit	57
		• Sonderfall: Atypisch stille Beteiligung	58
		• Vorteile und Nachteile	58
	2.3.2	Genussrechte	59
		• Verwaltungs-, Informations- sowie Kontrollrechte des Mitarbeiters	59
		• Vermögensrechte des Mitarbeiters	59
		• Haftung des Mitarbeiters	59
		• Veräußerbarkeit und Handelbarkeit	60
		• Ausgestaltung als Fremd- oder Eigenkapital	60
		• Vorteile und Nachteile	61
	3.	Indirekte Beteiligung	61
III.	Investivkapital		63
	1.	Entgeltumwandlung „Deferred Compensation"	63
	2.	Mitarbeiterguthaben	64
	3.	Wertguthaben	64
IV.	Die immaterielle Mitarbeiterbeteiligung		65

D.	Staatliche Förderungsmöglichkeiten	67

I.	Entwicklung der staatlichen Förderungsmöglichkeiten		67
II.	Förderung nach dem 5. VermBG		68
	1.	Förderfähige Beteiligungsformen	69
	2.	Vermögenswirksame Leistungen	69
	3.	Sparzulage	70

		4. Verfahren	71

```
         4.   Verfahren                                              71
         5.   Sperrfrist                                             72
         6.   Insolvenzsicherung                                     73
   III.  Der Steuervorteil gemäß § 19a EStG                          74
   IV.   Kombination von Sparzulage und Steuervorteil                77


E.       Steuer- und sozialversicherungsrechtliche Behandlung der
         Mitarbeiterbeteiligung                                      79


I.       Steuerrechtliche Behandlung der Kapitalbeteiligung          79
         1.    Besteuerung der Eigenkapitalbeteiligungsmodelle       79
         1.1   Aktienbeteiligung                                     79
         1.1.1 Besteuerung beim Unternehmen                          79
         1.1.2 Besteuerung beim Mitarbeiter                          79
               • Einkommensteuer                                     79
               – Einkünfte aus nichtselbstständiger Arbeit           79
               – Einkünfte aus Kapitalvermögen                       80
               – Besteuerung von Veräußerungsgewinnen                81
               • Erbschaft- und Schenkungsteuer                      81
         1.2   GmbH-Beteiligung                                      81
         1.2.1 Besteuerung beim Unternehmen                          81
         1.2.2 Besteuerung beim Mitarbeiter                          82
               • Einkommensteuer                                     82
               – Einkünfte aus nichtselbstständiger Arbeit           82
               – Einkünfte aus Kapitalvermögen                       82
               – Besteuerung von Veräußerungsgewinnen                82
               • Erbschaft- und Schenkungsteuer                      82
         2.    Besteuerung der Mezzanine-Beteiligungsmodelle         83
         2.1   Genussrechte                                          83
         2.1.1 Besteuerung beim Unternehmen                          83
               • Kapitalgesellschaften (GmbH, AG)                    83
               – Dividendenzahlung als Gewinnverwendung              84
               – Dividendenzahlung als Betriebsausgabe               85
               • Personengesellschaften (KG, OHG)                    85
         2.1.2 Besteuerung beim Mitarbeiter                          86
               • Einkommensteuer                                     86
               – Einkünfte aus nichtselbstständiger Arbeit           86
               – Einkünfte aus Kapitalvermögen                       86
               – Besteuerung von Veräußerungsgewinnen                87
               • Erbschaft- und Schenkungsteuer                      88
```

2.2 Stille Beteiligung 88
2.2.1 Typisch stille Beteiligung 88
- Besteuerung beim Unternehmen 88
- Besteuerung beim Mitarbeiter 88
  - Einkünfte aus nichtselbstständiger Arbeit 88
  - Einkünfte aus Kapitalvermögen 88
2.2.2 Atypisch stille Beteiligung 89
- Besteuerung beim Unternehmen 89
- Besteuerung beim Mitarbeiter 90
  - Einkommensteuer 90
  (1) Einkünfte aus Gewerbebetrieb 90
  (2) Halbeinkünfteverfahren 90
  - Besteuerungsverfahren 91
  - Begrenzung der steuermindernden Verlustverrechnung 91
  - Verlustverrechnung 91
  - Besteuerung des Aufgabe- bzw. Veräußerungsgewinns 92
  - Gewerbesteuer 93
  - Erbschaft- und Schenkungsteuer 93
3. Besteuerung der Fremdkapitalbeteiligung – Mitarbeiterdarlehen 93
4. Unternehmensteuerreform 2008 94
4.1 Besteuerung der Eigenkapitalbeteiligungsmodelle 94
4.1.1 Unternehmensebene 94
4.1.2 Mitarbeiterebene 94
4.2 Besteuerung der Mezzanine-Beteiligungsmodelle 95
4.2.1 Unternehmensebene 95
4.2.2 Mitarbeiterebene 95
4.3 Besteuerung der Fremdkapitalbeteiligung – Mitarbeiterdarlehen 95
II. Steuerrechtliche Behandlung der Erfolgsbeteiligung 96
1. Allgemein 96
2. Aktienoptionen 96
III. Besteuerung der Investivkapitalbeteiligung 97
IV. Sozialversicherungsrechtliche Behandlung 97
1. Erfolgsbeteiligung 97
2. Kapitalbeteiligung 97
3. Investivkapitalbeteiligung 97

F.	Allgemeine Akzeptanz und Verbreitung der Mitarbeiterbeteiligung	99

I.	Internationaler Vergleich	99
II.	Deutschland	106
III.	Fazit	110

G.	Handlungsempfehlungen zur Durchführung einer Mitarbeiterbeteiligung	111

I.	Allgemeine Grundsätze	111
	1. Unternehmenskultur	112
	2. Freiwilligkeit	113
	3. Finanzielle Beteiligung der Gesamtbelegschaft	114
	4. Klarheit und Transparenz	114
	5. Festgelegte Gewinnformel	114
	6. Regelmäßigkeit	115
	7. Risikoaufklärung	115
II.	Vorgehensweise bei Einführung eines Beteiligungskonzepts	115
	1. Vorbereitung	116
	1.1 Informationssammlung/Einbeziehung von externen Beratern	116
	1.2 Zielbestimmung	117
	1.3 Einbeziehung des Betriebsrats	117
	2. Festlegung der Rahmenbedingungen	118
	2.1 Teilnehmerkreis	118
	2.2 Mittelaufbringung	119
	2.2.1 Leistungen des Arbeitnehmers	119
	2.2.2 Leistungen des Arbeitgebers	120
	2.2.3 Vermögenswirksame Leistungen nach dem 5. VermBG	120
	2.3 Kapitalentlohnung	120
	2.4 Insolvenzsicherung	121
	2.5 Zeithorizont	121
	2.6 Rechte der beteiligten Mitarbeiter	122
	2.7 Verfügungsmöglichkeiten der beteiligten Mitarbeiter	122
	2.7.1 Laufzeit	122
	2.7.2 Kündigung/Ausscheiden aus dem Unternehmen	123
	2.7.3 Kapitalrückzahlung	123
	2.7.4 Ausschüttungen	124
	2.7.5 Veräußerbarkeit/Handelbarkeit	124

	3.	Wahl des Beteiligungsmodells	124
	4.	Konkrete Vertragsgestaltung	125
III.		Realisierung eines Beteiligungskonzepts	126
	1.	Informationsbroschüre/Formulare	126
	2.	Schulungen/Informationsveranstaltungen	127
	3.	Kontinuierliche Pflege des Mitarbeiterbeteiligungsprogramms	128
	4.	Öffentlichkeitsarbeit	128
IV.		Fazit	129
V.		Anhang	129

H. Schlusswort	133

Gesetzestexte	137

§ 19a EStG Überlassung von Vermögensbeteiligungen an Arbeitnehmer — 137
Fünftes Gesetz zur Förderung der Vermögensbildung der Arbeitnehmer (Auszug) — 138
    § 1 Persönlicher Geltungsbereich — 138
    § 2 Vermögenswirksame Leistungen, Anlageformen — 138

Glossar	143

Vorwort

Wachsende Globalisierung und intensiver internationaler Wettbewerbsdruck haben der deutschen Wirtschaft seit Jahren neue Rahmenbedingungen vorgegeben. Gefordert sind neben der Steigerung von Innovationen und Produktivität auch die Bindung qualifizierter Fachkräfte, die mit „ihrem" Unternehmen an einem Strang ziehen. Um diese Ziele zu erreichen, sind Unternehmen aufgefordert, ihre Kapitalisierung auszubauen und eine neue Unternehmenskultur zu schaffen. Eine Lösung kann dabei die finanzielle Beteiligung von Mitarbeitern am eigenen Unternehmen sein.

Mitarbeiterbeteiligung – spätestens seit sich der Bundespräsident Horst Köhler Ende des Jahres 2005 für eine stärkere Beteiligung der Arbeitnehmer am Erfolg bzw. am Kapital der Unternehmen ausgesprochen hat, ist das Thema aktueller denn je. Die im Bundestag vertretenen Parteien haben daraufhin in einer Vielzahl von Stellungnahmen und Beschlüssen zum Ausdruck gebracht, dass die Beteiligung von Mitarbeitern am Unternehmen verstärkt und nachhaltig zu fördern sei. Heute, im Juni 2007, liegen konkrete Konzepte vor. Doch mit einer realistischen Umsetzung rechnet man erst zum 01. Januar 2009.

Seit Jahren gilt die Mitarbeiterbeteiligung als effektives Konzept, um die Wettbewerbsfähigkeit von Unternehmen zu verbessern. Auf Grund verschiedener empirischer Forschung konnte nachgewiesen werden, dass die Wertschöpfung in Unternehmen mit Mitarbeiterbeteiligungen deutlich höher ist als in Unternehmen ohne solche Beteiligungen. Sie ist Ausdruck einer modernen und effizienten Unternehmenskultur und sollte zum Selbstverständnis einer erfolgreichen Unternehmensführung gehören. Nach Einschätzung der Gesellschaft für innerbetriebliche Zusammenarbeit mbH (GIZ) bieten in Deutschland zurzeit 3.750 Unternehmen eine Mitarbeiterbeteiligung an. In diesem Zusammenhang haben etwa 2,06 Millionen Mitarbeiter ihrem Unternehmen Kapital in Höhe von 12,3 Mrd. Euro zur Verfügung gestellt. Konsequenz für die Unternehmen: Wachstum, höhere Produktivität, stärkeres Kostenbewusstsein, besseres Betriebsklima, niedrigere Fehlzeiten und weniger Mitarbeiterfluktuation.

Warum gibt es trotz dieser vielen Vorteile, die eine Mitarbeiterbeteiligung mit sich bringt, nur eine so geringe Zahl von Unternehmen, die ein Beteiligungsmodell anbieten?

Viele Unternehmen scheuen eine finanzielle Beteiligung von Mitarbeitern auf Grund veralteter Ressentiments. Sie befürchten, die Kontrolle über ihr eigenes Unternehmen, die Stellung als „Herr im Haus" zu verlieren, die eventuelle Auseinandersetzung mit besserwisserischen Angestellten, die Steigerung von Kosten oder Bürokratie. Grund für eine solche Einstellung ist die mangelnde Aufklärung der Unternehmen über Ausgestaltungsmöglichkeiten einer Mitarbeiterbeteiligung, deren Funktionsweise, Vorteile und Effekte sowie den entstehenden Aufwand für Ein- und Durchführung. Andererseits sehen sich die Unternehmen oftmals auch der Ablehnung ihrer Mitarbeiter ausgesetzt – sie fürchten sich vor dem Verlust des Arbeitsplatzes bei gleichzeitigem Verlust ihres Kapitals. Ungenügende Aufklärung und die negative Einstellung vieler Gewerkschaften sind auf Seiten der Arbeitnehmer die Ursache.

Das vorliegende Buch will vor allem die finanzielle Beteiligung von Arbeitnehmern in den Blickpunkt von mittelständischen Unternehmern, Führungskräften und Betriebsräten stellen. Es erfolgt zunächst ein umfassender Überblick über die verschiedenen Ausgestaltungen einer materiellen Beteiligung und deren Entstehungsgeschichte. Die Gründe und Effekte, die mit der Einführung einer finanziellen Beteiligung angestrebt werden, sind sowohl aus Sicht der Unternehmer als auch der Mitarbeiter dargestellt. Daneben wird ausführlich auf die staatlichen Förderungsmöglichkeiten, die steuerliche Behandlung auf beiden Seiten sowie auf das Vorgehen zur Einführung und Durchführung einer erfolgreichen Mitarbeiterbeteiligung eingegangen. Es zeigt auf, dass die Gewinn- und Kapitalbeteiligung von Mitarbeitern nicht nur etwas für große, börsennotierte Unternehmen ist, die zumeist ihre Arbeitnehmer mit der Ausgabe von Belegschaftsaktien unternehmerisch beteiligen. Sondern auch und gerade für kleine und mittelständische Unternehmen bietet die finanzielle Beteiligung ihrer Beschäftigten eine Möglichkeit, die für sie bestehenden Herausforderungen zu meistern: zum einen die Lösung der auf Grund von Basel II entstandenen Schwierigkeiten der Unternehmensfinanzierung und zum anderen die Bindung von Fachkräften als notwendiger Wettbewerbsvorteil. Vor dem Hintergrund der Probleme der gesetzlichen Rentenversicherung und der unzureichenden Vermögensbildung ergibt sich für die Mitarbeiter eine weitere Maßnahme zur Altersvorsorge.

Göttingen im Dezember 2007   Claudia Krüger

Abkürzungsverzeichnis

Abs.	Absatz
AG	Aktiengesellschaft
AGP	Arbeitsgemeinschaft zur Förderung der Partnerschaft in der Wirtschaft
AktG	Aktiengesetz
AO	Abgabenordnung
BetrAVG	Gesetz über die betriebliche Altersversorgung
BetrVG	Betriebsverfassungs-Gesetz
BFH	Bundesfinanzhof
BGB	Bürgerliches Gesetzbuch
BGH	Bundesgerichtshof
d. h.	das heißt
EStG	Einkommensteuergesetz
EU	Europäische Union
GewStG	Gewerbesteuergesetz
GIZ	Gesellschaft für innerbetriebliche Zusammenarbeit
GmbH	Gesellschaft mit beschränkter Haftung
GmbHG	Gesetz betreffend die Gesellschaften mit beschränkter Haftung
HGB	Handelsgesetzbuch
IAB	Institut für Arbeitsmarkt- und Berufsforschung
IHK	Industrie- und Handelskammer
i. V. m.	in Verbindung mit
KG	Kommanditgesellschaft
KonTraG	Gesetz zur Kontrolle und Transparenz im Unternehmensbereich
KStG	Körperschaftsteuergesetz
LStDV	Lohnsteuerdurchführungsverordnung
Nr.	Nummer
o. g.	oben genannte
OHG	Offene Handelsgesellschaft
SBG IV	Sozialgesetzbuch Viertes Buch
VermBG	Vermögensbildungsgesetz

WpPG	Wertpapierprospektgesetz
z. B.	zum Beispiel

Abbildungsverzeichnis

Gründe für Mitarbeiterbeteiligung	26
Mitarbeiterbeteiligung – Interessenseiten	27
Vergleich der Ziele zwischen Groß- und Mittelunternehmen	28
Personalpolitische Gründe	30
Finanzwirtschaftliche Gründe	31
Formen der Erfolgsbeteiligung	42
Formen der Kapitalbeteiligung	48
Vor- und Nachteile Mitarbeiterdarlehen	49
Vor- und Nachteile GmbH-Anteile	53
Vor- und Nachteile Belegschaftsaktie	55
Vor- und Nachteile stille Beteiligung	58
Vor- und Nachteile Genussrechte	61
Indirekte Beteiligung	62
Formen des Investivkapitals	63
Formen der immateriellen Mitarbeiterbeteiligung	66
Förderfähige Personen nach 5. VermBG	70
Sparzulage im Rahmen vermögenswirksamer Leistungen	71
Arbeitnehmersparzulage pro Jahr	71
Ablaufdiagramm Arbeitnehmersparzulage	72
Insolvenzsicherung	74
Vermögensvorteil nach § 19a EStG	76
EPOC-Studie internationale Verbreitung der Mitarbeiterbeteiligung	101
CARNET-Studie internationale Verbreitung der Mitarbeiterbeteiligung	102
Steuerliche Vergünstigungen im internationalen Vergleich	104
IAB-Studie 1998 – Verbreitung der Mitarbeiterbeteiligung in Deutschland	106
IAB-Studie 2005 – Verbreitung der Mitarbeiterbeteiligung in Deutschland	108
GIZ-Studie – Verbreitung der Mitarbeiterbeteiligung in Deutschland	110
Allgemeine Grundsätze finanzieller Mitarbeiterbeteiligung	112
Unternehmenskultur	113

Einführung eines Beteiligungskonzepts	116
Mittelaufbringung	119
Wahl des Beteiligungsmodells	125
Checkliste „Zielsetzungen einer Mitarbeiterbeteiligung"	129
Checkliste „Festlegung der Rahmenbedingungen"	130

A. Historische Entwicklung der Mitarbeiterbeteiligung

I. Entwicklung im 19. Jahrhundert

Bereits zu Beginn des 19. Jahrhunderts wurden die ersten Versuche der Beteiligung von Arbeitnehmern am Gewinn der Unternehmen unternommen. Die Verbesserung des Verhältnisses zwischen Arbeitgebern und Arbeitnehmern war vorrangiges Ziel der betrieblichen Partnerschaften. Daneben sollte das wirtschaftliche Verständnis der Mitarbeiter gefördert und ihnen aufgezeigt werden, dass ihre Interessen mit denen des Unternehmers eine Vielzahl von Gemeinsamkeiten aufweisen.

Der deutsche Nationalökonom Johann Heinrich von Thünen (1783–1850) erkannte als Erster den grundlegenden ideellen und materiellen Gedanken von Gewinnbeteiligungen. Auf seinem Gut in Tellow in Mecklenburg-Vorpommern beteiligte er 1847 seine Landarbeiter am Ertrag des Gutes. Auf einem Sparbuch sparte von Thünen den individuellen Anteil am netto erwirtschafteten Jahresertrag. Den Landarbeitern wurden die jährlichen Zinsen bar ausgezahlt. Das Sparguthaben selbst sammelte er bis zur Pensionierung der Landarbeiter (60. Lebensjahr) im Unternehmen an. Damit wollte er Vorsorge und Altersvorsorge seiner Beschäftigten absichern.

Zwischen 1867 und 1874 gab es fünf deutsche Aktiengesellschaften, die ihren Beschäftigten eine Kapitalbeteiligung ermöglichten. Eine auf Teilhabe am Gewinn und Kapital basierende Partnerschaft zwischen Unternehmer und Mitarbeitern wurde in Deutschland durch die Messingfabrik Borchert in Berlin eingeführt. Verfolgtes Ziel war, dass nach und nach alle Kapitalanteile durch die Mitarbeiter übernommen werden sollten. Es erfolgte eine Beteiligung der Beschäftigten zu 50 % am Reinertrag des Unternehmens, die verbleibenden 50 % fielen der Kapitalseite zu. Auf freiwilliger Basis konnten die Mitarbeiter zusätzlich Kapitalanteile unter deren Wert erwerben. Die Gewinnanteile verblieben im Unternehmen als Darlehen. Auf Grund eintretender Meinungsverschiedenheiten durch die Mitarbeiterforderung nach mehr Rechten wurde das Modell jedoch fünf Jahre später verworfen. Ebenfalls eine auf Gewinnbeteiligung basierende

Partnerschaft zwischen Arbeitnehmer und Unternehmen wurde von Ernst Abbe über die Carl-Zeiss-Stiftung für die Mitarbeiter der Zeiss-Werke eingeführt.

Eine vom Verein für Sozialpolitik in Auftrag gegebene Umfrage im Zeitraum von 1873 bis 1877 ergab, dass bis zum Jahr 1878 in Deutschland 54 Unternehmen vor allem eine Gewinnbeteiligung praktizierten. Dazu gehörte auch die Siemens-Gruppe.

II. Entwicklung im 20. Jahrhundert

Eine erneute Umfrage 1901 machte einen großen Schwund an den damals bestehenden Gewinnbeteiligungsunternehmen deutlich. Laut der Umfrage existierten von den damaligen 54 Unternehmen nur noch neun. Allerdings waren 33 neue Unternehmen hinzugekommen. Nach Ende des Ersten Weltkrieges (1918) bis zum Beginn des Nationalsozialismus erfolgten zahlreiche Diskussionen sowie Vorschläge für eine interessengerechtere Beteiligung von Mitarbeitern zwischen Unternehmen, Arbeitgeberverbänden und Gewerkschaften. Nennenswerte Fortschritte wurden in diesem Zeitraum jedoch nicht erreicht. Insbesondere von Seiten der Regierung bestand wenig Interesse an einer Förderung der Arbeitnehmerkapitalbeteiligung.

Ab 1933 war durch den nationalsozialistischen Staat die Mitarbeiterbeteiligung fast bedeutungslos geworden.

Nach Ende des Zweiten Weltkrieges kam es im Zeitraum zwischen 1950 und 1959 erneut zu einer starken Vermögenskonzentration. 1960 befanden sich 71 % des privaten Produktivvermögens in den Händen von 1,7 % der privaten Haushalte. Bis zum Jahr 1966 stieg die Vermögenskonzentration auf 74 % an. Verbunden mit dem Umstand, dass zu diesem Zeitpunkt die Unternehmensgewinne schneller als die Löhne der Arbeitnehmer wuchsen, wurde das Thema der Kapitalbeteiligung von Mitarbeitern wieder aufgenommen.

Neben theoretischen Diskussionen verstärkten eine Reihe von mittelständischen Unternehmen ihre Bemühungen, die partnerschaftliche Zusammenarbeit in den Unternehmen fortzusetzen und weiterzuentwickeln. Vorrangige Beteiligungsinstrumente waren zu dieser Zeit die Belegschaftsaktie, die stille Beteiligung und das Mitarbeiterdarlehen. Wichtiger Vorreiter im Zusammenhang mit der Entwicklung der Mitarbeiterbeteiligung war der Unternehmer Gerd P. Spindler, der seine Mitarbeiter entsprechend ihrer Leistung nicht nur materiell, sondern auch mitbestimmend beteiligte. Im Jahr 1950 gründete er die Arbeitsgemeinschaft zur Förderung der Partnerschaft in der Wirtschaft e.V. (AGP), welche sich bis heute aktiv für eine stärkere Beteiligung von Mitarbeitern einsetzt. In den 60er und 70er Jahren blieb die Zahl der Unternehmen, die ihre Mitarbeiter am Produktivvermögen beteiligten, relativ konstant. In den 1970er Jahren machte die Einführung des Belegschaftsaktienmodells der Rosenthal AG von sich reden. Beachtlich war hier, dass dieses Modell auf Grund des guten Zusammenwirkens beider Sozialpartner zu Stande kam. Als weiterer Vorreiter der Mitarbeiterbeteiligung ist besonders auch Reinhard Mohn zu nennen. Bei Bertelsmann wurde schon 1951 mit einer Mitarbeiterdarlehens- bzw. Tantiemenregelung begonnen. Ab 1970 realisierte Bertelsmann die Mitarbeiterbeteiligung über Gewinnbeteiligungen und Genussrechtsbeteiligungen. Im Zusammenhang mit der Entwicklung der heutigen Mitarbeiterbeteiligung ist auch das Unternehmen Homag zu nennen. Im Jahr 1974 führte das Unternehmen das Modell der stillen Beteiligung als finanzielle Beteiligung seiner Arbeitnehmer ein. Wenige Jahre später war die Belegschaft nahezu vollständig und mit 25 % am Unternehmenskapital beteiligt. Und auch heute noch beteiligen sich 98 % der Belegschaft als stille Gesellschafter am Unternehmen.

Seit Anfang der 80er Jahre ist ein deutlicher Anstieg der Beteiligung von Mitarbeitern am arbeitgebenden Unternehmen zu beobachten. Mitverantwortlich für diese Entwicklung war auch das politische Engagement der staatlichen Förderung von Mitarbeiterbeteiligungsmodellen. Zunächst wurde im Jahr 1983 von der Bundesregierung das 1. Vermögensbeteiligungsgesetz erlassen. Dann trat im Jahr 1984 das 4. Vermögensbildungsgesetz in Kraft und ermöglichte eine staatliche Förderung der Kapitalbeteiligung von Mitarbeitern an ihren Unternehmen. Viele kleine und mittlere Unternehmen nutzten dadurch die Möglichkeit, Mitarbeiter am Unternehmenserfolg teilhaben zu lassen und sie zugleich über diese Beteiligung an das Unternehmen zu binden. Neben stillen Beteiligungen wurden erstmals Genussrechte als Beteiligungsinstrument eingesetzt. Eine weitere staatliche Förderung ermöglichte die Einführung des § 19a EStG, wonach der unentgeltliche oder verbilligte Bezug von Vermögensbeteiligungen im Rahmen des Dienstverhältnisses bis zu einer bestimmten Höhe steuerfrei ist. Zu weiterer Aufmerksamkeit gelangte die Mitarbeiterbeteiligung 1998 durch die Änderungen des Aktiengesetzes mit der bedingten Kapitalerhöhung (§ 192 AktG) und dem vereinfachten Erwerb von Unternehmensaktien durch das Unternehmen selbst.

Waren es Anfang der 80er Jahre noch 1.000 Unternehmen, die Mitarbeiterbeteiligungsmodelle praktizierten, so waren es im Jahr 1999 bereits rund 2.600 und im Jahr 2004 rund 3.300 Unternehmen.

III. Politische Entwicklungstendenzen 2000 bis 2007

Grundsätzlich bekennen sich alle relevanten politischen Parteien zu einer stärkeren Förderung der Beteiligung von Mitarbeitern am Produktivvermögen, trotzdem ist in den vergangenen Jahren wenig Substanzielles geschehen.

Anstoß für eine neue Debatte gab der Bundespräsident Horst Köhler in einem Interview vom 29. Dezember 2005. In jenem Interview schlug Köhler eine gesellschaftliche Grundsicherung vor und verlangte eine stärkere Gewinn- und Kapitalbeteiligung für Arbeitnehmer. Denn dies könnte in Zeiten zunehmender Globalisierung dazu beitragen, „einer wachsenden Kluft zwischen Arm und Reich entgegenzuwirken". Arbeitgeber und Arbeitnehmer sollten begreifen, dass sie mit Blick auf den weltweiten Wettbewerb im gleichen Boot säßen. Der Vorstoß Köhlers fand bei Wirtschaftsvertretern und Politikern großen Beifall. Seit diesem Zeitpunkt wurde eine verstärkte Diskussion über eine stärkere Förderung der Mitarbeiterkapitalbeteiligung in den beiden großen Parteien geführt.

Im Juni 2007 wurden verschiedene Konzepte zu der Frage der Förderung der Beteiligung von Arbeitnehmern an Unternehmensgewinnen vorgestellt. Die Konzepte beruhen alle auf Freiwilligkeit: Nur wenn die Unternehmen einwilligen, haben die Mitarbeiter die Möglichkeit, tatsächlich von den Gewinnen ihres Unternehmens zu profitieren.

So wird zum einen ein so genannter Deutschlandfonds vorgeschlagen, welcher als deutschlandweite Kapitalsammelstelle funktionieren soll, in der die Mitarbeiter ihr Geld einzahlen. Durch den Fonds soll dann das Beteiligungskapital an die entsprechenden Unternehmen zurückfließen, das dafür entsprechende Zinsen zahlt. Zum Beendigungszeitpunkt der Beteiligungsverträge erhalten die Mitarbeiter ihre Einlage zuzüglich der Zinsen zurück, wobei die Möglichkeit der Neuanlage daneben bestehen soll. Die Einlagen der Mitarbeiter sollen mit einem Höchstförderungssatz für vermögenswirksame Leistungen bis Euro 400,– mit 20 % (derzeit 18 %) gefördert werden. Gleichzeitig sollen die Einkommensgrenzen leicht auf Euro 20.000,– für Ledige bzw. Euro 40.000,– für Ehepaare erhöht werden. Daneben soll der Freibetrag des § 19a EStG von Euro 135,–

auf Euro 240,– angehoben werden. Im Vordergrund des Konzeptes steht der Schutz der Beschäftigten vor dem Insolvenzrisiko sowie die unkomplizierte Mitnahmemöglichkeit der Fondsanteile bei einem Arbeitsplatzwechsel.

Von einem anderen Konzept wird ein solcher übergeordneter Fonds abgelehnt. Die Mitarbeiter sollen sich stattdessen direkt an ihrem arbeitgebenden Unternehmen beteiligen. Über die Form der jeweiligen Beteiligung und deren Ausgestaltung (insbesondere zu Mitnahmemöglichkeiten bei Arbeitsplatzwechsel und Insolvenzschutz) werden im Rahmen dieses Konzeptes bewusst keine Vorschriften gemacht, denn die Kapitalbeteiligung der Mitarbeiter soll freiwillig und mit ausreichendem Freiraum zur Schaffung einer partnerschaftlichen Zusammenarbeit zwischen Unternehmen und Beschäftigten erfolgen. Hier wird verstärkt auf ein verbessertes Anreizsystem gesetzt. So sollen die Arbeitnehmer pro Jahr eine Kapitalbeteiligung bis zu Euro 1.000,– steuerbegünstigt an ihrem arbeitgebenden Unternehmen erwerben können. Dabei soll sich die staatliche Förderung aus einer Freibetragsregelung und der Bruttolohnumwandlung zusammensetzen. Dafür soll der Freibetrag des § 19a EStG von derzeit Euro 135,– auf Euro 500,– angehoben und das Hälftigkeitsprinzip abgeschafft werden. Darüber hinaus können die Beschäftigten Teile ihres Bruttolohns in eine Mitarbeiterkapitalbeteiligung umwandeln. Dieser Lohnanteil in Höhe der weiteren Euro 500,– ist steuer-, aber nicht sozialversicherungsfrei.

Eine gemeinsame Vereinbarung in der Koalition wird im Laufe des Jahres 2008 erwartet.

Die Autorin weist darauf hin, dass sich die o. g. Angaben auf den Stand Dezember 2007 beziehen. Bei Herausgabe des Buches können bereits Änderungen der Konzepte bzw. eine Einigung der Koalitionspartner vorliegen.

B. Gründe für die Einführung einer Mitarbeiterbeteiligung

Schlagworte wie intensiver Wettbewerb, rasanter technologischer Fortschritt, Preisverfall, Kostendruck und globale Märkte bestimmen den Alltag der deutschen Unternehmen. Auf die steigenden Anforderungen der Globalisierung müssen neben den bereits international tätigen und verflochtenen Großunternehmen insbesondere die kleinen und mittelständischen Unternehmen verstärkt reagieren. Produkte und Dienstleistungen sind mehr und mehr einer wachsenden Konkurrenzsituation ausgesetzt. Dabei müssen mittelständische Unternehmen, sei es auf Grund mangelnder Finanzressourcen oder mangelnder Fachkräfte und damit einhergehender fehlender Innovation, noch schwierigere Wettbewerbsbedingungen überstehen. Parallel dazu findet ein Wandel von der Industrie- zur Dienstleistungsgesellschaft, zur Wissens- und Informationsgesellschaft statt.

Vor diesem Hintergrund müssen Unternehmen und auch ihre Mitarbeiter nach Konzepten und Lösungen suchen, die die Wettbewerbsfähigkeit und damit das Bestehen des Unternehmens sichern. Ein Schritt zur Bewältigung dieser Herausforderung kann die Beteiligung von Mitarbeitern am Unternehmen sein, da das Instrument der Mitarbeiterbeteiligung auf verschiedenen Ebenen wirken kann. So hat eine auf das jeweilige Unternehmen und auf die verfolgten Ziele abgestimmte Mitarbeiterbeteiligung z. B. Auswirkungen auf die Motivation und die Produktivität der Mitarbeiter, auf die Finanzierungskraft des Unternehmens und die Personalpolitik, wie bereits die Ergebnisse einer empirischen Untersuchung des Instituts der Deutschen Wirtschaft und der GIZ GmbH aus den 1980er Jahren zeigen:

Abb. 1: Gründe für Mitarbeiterbeteiligung

Ziel	Zielinhalt	Gesamt	
		Rang	Prozent
Motivation	Produktivität, Arbeitsleistung, Kostenbewusstsein, Interesse, Einsatz, Identifikation, Mitdenken, wirtschaftliches Verständnis	1	24,8
Finanzierung	Erhöhung des Eigenkapitals, Verbesserung der Kapitalstruktur, zusätzliche Liquidität	2	15,3
Personalpolitik	Abrundung des Sozialleistungspakets, materielle Verbesserung, personalpolitische Maßnahme, zusätzliche Altersversorgung	3	15,0
Partnerschaft	Abbau der Konfrontation zwischen Kapital und Arbeit, verstärkte Mitverantwortung, Mitsprache und Mitwirkung an der Willensbildung, Eigentümermentalität, Verbesserung des Betriebsklimas, Teilhabe am Erfolg, Anspruch auf den Gewinn, leistungsbezogenes Entgelt	4	12,1
Gesellschaftspolitik	Beteiligung am Produktivvermögen, Sicherung und Ausbau der Wirtschaftsordnung, Verhinderung gewerkschaftlicher Fonds-Lösungen	5	11,2
Vermögensbildung	Vermögensverteilung, Ergänzung der Geldvermögensbildung	6	10,8
Mitarbeiterpotenzial	Reduzierung der Fluktuation, Bindung an den Betrieb, Betriebstreue, verbesserte Position am Arbeitsmarkt, Fehlzeitenverringerung	7	10,8

Quelle: Guski/Schneider, Köln 1983

Daher sind die Gründe für bzw. die verfolgten Ziele mit einer Mitarbeiterbeteiligung sehr vielseitig und unternehmensspezifisch. Meist streben Unternehmen nicht nur die Verfolgung eines Zieles, sondern mehrerer

Ziele gleichzeitig an. Auf den ersten Blick erscheint dies unverständlich, es wird aber klarer, wenn man bedenkt, dass nicht nur den Interessen des Unternehmens Augenmerk geschenkt werden kann. Für die erfolgreiche Realisierung einer Mitarbeiterbeteiligung ist auch auf die Interessen der Arbeitnehmer Rücksicht zu nehmen. Denn nur so wird der Effekt des Mitunternehmers und die Lösung der unternehmerischen Zielsetzungen tatsächlich erreicht.

Abb. 2: Mitarbeiterbeteiligung-Interessenseiten

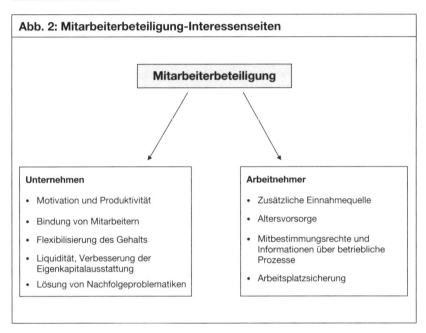

In der Regel unterscheiden sich die Gründe und verfolgten Ziele erheblich nach der Größe und Rechtsform des Unternehmens. Die nachfolgende Darstellung zeigt auf, dass sich die mit einer Mitarbeiterbeteiligung verfolgten Ziele von Großunternehmen deutlich von denen der kleinen und mittelständischen Unternehmen unterscheiden.

Abb. 3: Vergleich der Ziele zwischen Groß- und Mittelunternehmen

Ziel	Größt- und Großunternehmen		Mittelgroße und kleine Unternehmen	
	Rang	Prozent	Rang	Prozent
Motivation	5	12,2	1	27,0
Finanzierung	3	16,1	3	15,0
Personalpolitik	4	12,4	2	15,9
Partnerschaft	6	11,1	4	14,6
Gesellschaftspolitik	2	18,5	6	8,6
Vermögensbildung	1	19,8	7	7,7
Mitarbeiterpotenzial	7	9,9	5	11,2

Quelle: Guski/Schneider, Köln 1983

Bei Großunternehmen überwiegen die Gründe der Vermögensbildung für die Arbeitnehmer bzw. der Gesellschaftspolitik. Demgegenüber spielt die Motivation der Mitarbeiter und die Personalpolitik eine wichtige Rolle bei den kleinen und mittelständischen Unternehmen.

I. Steigerung der Mitarbeitermotivation

Motivation und Leistungsbereitschaft der Mitarbeiter kann durch die Einführung eines Mitarbeiterbeteiligungsmodells positiv beeinflusst werden. Beteiligungsmodelle, bei welchen Arbeitnehmer am Erfolg des Unternehmens teilhaben, verändern das Bewusstsein der Mitarbeiter für betriebswirtschaftliche Zusammenhänge. Durch das Gefühl, Miteigentümer des Unternehmens zu sein, resultiert ein erhöhtes Interesse am Unternehmenserfolg, ein gesteigertes Kostenbewusstsein sowie ein Bedürfnis nach mehr Information. Die beteiligten Mitarbeiter werden zum Mitdenken „gezwungen". Sie verfolgen Betriebsabläufe aufmerksamer, ihr Augenmerk wird auf Möglichkeiten zu Kosteneinsparungen gelenkt. Daneben kann ein Mitarbeiterbeteiligungsmodell mittelbar dazu beitragen, Arbeitsprozesse effektiver zu gestalten. Letztlich wird so die Produktivität des Unternehmens mehr gesteigert als in Unternehmen ohne eine solche Beteiligungsmöglichkeit von Mitarbeitern. Nach einer Studie der IAB liegt die Pro-Kopf-Wertschöpfung in westdeutschen Betrieben mit Mitarbeiterbeteiligungen bei ca. Euro 64.000,–, wobei es in Unternehmen ohne Beteiligungsprogramme nur ca. Euro 40.600,– sind. Ursache für die bis zu einem Drittel höhere Produktivität der Unternehmen mit Beteiligungsmodellen sind laut der Studie, dass die Arbeitnehmer

- eine höhere Bereitschaft haben, technologische und arbeitssparende Veränderungen zu akzeptieren;
- sich über Verbesserungen der Arbeitsprozesse Gedanken machen und entsprechende Vorschläge an die Unternehmensführung weiterleiten;
- sorgfältiger mit Materialien und Maschinen umgehen;
- kollegialer und reibungsloser zusammen arbeiten.

Die Mitarbeiter sind mit ihrem Arbeitsplatz und seinem gesamten Umfeld zufriedener, da der Zusammenhang zwischen ihrer individuellen Leistung und dem Unternehmenserfolg für alle Beteiligten transparenter ist. Durch die Teilhabe an dem finanziellen Erfolg des Unternehmens entsteht ein eigenes starkes Interesse am Unternehmen. Beteiligte Arbeitnehmer identifizieren sich mehr mit ihrem arbeitgebenden Unternehmen, als wenn sie „nur" Arbeitnehmer wären.

II. Personalpolitische Gründe

Ein weiterer wichtiger Grund für die Einführung eines Beteiligungsmodells ist die Verfolgung von personalpolitischen Zielen. Der Faktor Humankapital stellt in nahezu allen Branchen einen wichtigen Erfolgsgarant dar. Insbesondere für die technologische Entwicklung spielt der Produktionsfaktor Humankapital eine wichtige Rolle. Wirtschaftswachstum und technologischer Fortschritt beruhen vor allem auf dem Zusammenwirken von Produktionsmöglichkeiten und hoch qualifizierten Mitarbeitern. In vielen Bereichen der Wirtschaft sind Fachkräfte und Spezialisten heute knapp. Für Deutschland werden bereits Befürchtungen geäußert, dass auf Grund des demographischen Wandels und einer Stagnation bei den Absolventenzahlen der höheren Bildungsabschlüsse in Zukunft nicht genügend Fachkräfte zur Verfügung stehen, um effektive Produktivität zu ermöglichen und im Innovationswettbewerb mithalten zu können. Daraus resultiert ein verstärkter Wettbewerb um hoch qualifizierte Mitarbeiter. Umso wichtiger ist es daher, Mitarbeiter an das Unternehmen zu binden und attraktive Arbeitsplätze für neue Mitarbeiter zu schaffen.

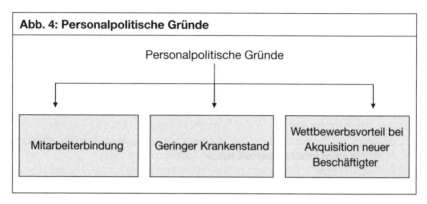

Abb. 4: Personalpolitische Gründe

Sowohl die Attraktivität des Unternehmens für den Arbeitnehmer als auch der Anreiz für einen Verbleib im Unternehmen steigen mit dem Angebot einer Mitarbeiterbeteiligung. Für viele kleine und mittelständische Unternehmen ist es schwierig, hoch qualifizierte Mitarbeiter zu halten. Sie sehen sich zumeist den verlockenden Angeboten etablierter Konzerne ausgesetzt. Oftmals werden die Mitarbeiter aufwendig ausgebildet und zusätzlich qualifiziert, was für die Unternehmen mit hohen Kosten verbunden ist. Eine Abwanderung dieser Mitarbeiter führt unweigerlich zum Verlust von aufgebautem Know-how. Eine Mitarbeiterbeteiligung kann dazu führen, dass sich die Mitarbeiter stärker mit dem arbeitgebenden Unternehmen, seinen Zielen und Leitideen identifizieren und deshalb eine engere Bindung an den Arbeitsplatz aufbauen. So kann eine sinkende Mitarbeiterfluktuation und somit mittelbar ein höherer Unternehmenserfolg erreicht werden. Darüber hinaus wirkt sich ein durch Mitarbeiterbeteiligungsprogramme geschaffenes „Wir"-Gefühl positiv auf die Fehlzeiten aus.

Das Vorhandensein eines innovativen Mitarbeiterbeteiligungsmodells stellt für die Akquisition von neuen Mitarbeitern einen wichtigen Aspekt dar, da durch eine attraktivere Gestaltung der Vergütung vermehrt neues Personal gewonnen werden kann. In vielen international tätigen Unternehmen bestehen bereits wertorientierte Vergütungssysteme, so dass sie im Wettbewerbskampf um qualifiziertes Personal meist die Nase vorn haben. Da sich der Arbeitsmarkt für hoch qualifizierte Fach- und Führungskräfte mehr und mehr internationalisiert, werden auch die mittelständischen Unternehmen verstärkt die Einführung von Mitarbeiterbeteiligungsprogramme in Erwägung ziehen.

III. Finanzwirtschaftliche Gründe

Bisher spielten finanzwirtschaftliche Gründe für die Einführung von Mitarbeiterbeteiligungsprogrammen eher eine untergeordnete Rolle. Auf Grund des Wandels der Unternehmensfinanzierung durch Globalisierung der Finanzierungsmärkte und der neuen Baseler Eigenkapitalverordnung (Basel II) werden vor allem kleine und mittelständische Unternehmen es schwerer haben, sich ausschließlich durch Bankkredite zu finanzieren. Die traditionell geringen Eigenkapitalausstattungen lenken das Augenmerk vieler Unternehmer mehr und mehr auf die Nutzung alternativer Finanzierungsformen wie die Mitarbeiterbeteiligung.

Abb. 5: Finanzwirtschaftliche Gründe

- Stärkung des Eigenkapitals,
- Steigerung der Bonität und Verbesserung der Kreditfähigkeit sowie des Ratings nach Basel II,
- Erhöhung von Finanzkraft und Liquidität mit der Folge erheblicher Verbesserung der Wettbewerbsposition und Marktstellung

---

1. Instrument der Unternehmensfinanzierung

Jedes Unternehmen muss in Zeiten zunehmender Globalisierung sein Wachstum durch Wahrnehmung weiterer Chancen fördern, um dem steigenden Wettbewerbsdruck standhalten zu können. Dies erfordert jedoch von den Unternehmen eine solide Eigenkapitalausstattung. Viele mittelständische Unternehmen mit guten Entwicklungschancen stoßen dabei häufig wegen ungenügender Kapitalausstattung an ihre Expansionsgrenzen.

Die Globalisierung der Finanzmärkte und die Neuausrichtung der Kreditinstitute, insbesondere im Zusammenhang mit der neuen Baseler Eigenkapitalverordnung (Basel II) zur Modifikation der Eigenkapitalunterlegung von Kreditinstituten, lassen das Thema der Unternehmensfinanzierung in neuem Lichte erscheinen. Die Unternehmensfinanzierung der deutschen Unternehmen befindet sich in einem gravierenden Veränderungsprozess, der erst in den nächsten Jahren seine volle Wirkung entfalten wird. Besonders betroffen sind kleine und mittelständische Unternehmen, die ihre bisherige Finanzierungspraxis auf den Prüfstand stellen und sich den neuen Anforderungen anpassen müssen.

Über Jahrzehnte hinweg wurde die Kapitalversorgung des deutschen Mittelstandes in erster Linie durch Bankkredite als traditionelle Finanzierungsquelle geprägt. Die Fremdfinanzierungsquote im deutschen Mittelstand liegt im Durchschnitt bei 80 %. Die stabile Versorgung des Mittelstands mit günstigem langfristigem Fremdkapital durch die enge Hausbankbeziehung hat dazu geführt, dass die Unternehmensfinanzierung kleinerer und mittlerer Unternehmen bis dato auf zwei Säulen basiert: der externen Kreditfinanzierung und der internen Selbstfinanzierung.

1.1 Wandel der Kreditwirtschaft

Auch zukünftig wird der Bankkredit eine zentrale Finanzierungsquelle für den deutschen Mittelstand bleiben. Tatsache ist jedoch, dass sich die Kreditvergabepraxis tief greifend verändert hat und sich die teilweise restriktive Handhabung fortsetzen wird. Eine Unternehmensbefragung der KfW unter rund 6.000 Unternehmen aller Größenklassen, Branchen, Rechtsformen und Regionen im Jahr 2006 hat ergeben, dass die Kreditaufnahme in den letzten zwölf Monaten für 33 % der Unternehmen schwieriger geworden ist. Eine wesentliche Ursache für den fundamentalen Umbruch ist die veränderte Geschäftspolitik der Kreditinstitute, mit der die deutsche Kreditwirtschaft in den vergangenen Jahren bereits der Einführung von Basel II zum Jahresende 2006 Rechnung getragen hat. Das Kreditgeschäft ist geprägt von einer zunehmenden Risiko-, Bonitäts- und Margendifferenzierung. Die Banken versuchen durch die neuen Ratingverfahren im Zuge von Basel II die Kreditrisiken besser zu erkennen und zu verringern. Dies führt in vielen Fällen zu intensiveren Prüfungen bei der Kreditaufnahme und ggf. zu Konditionsänderungen. Damit verengt sich insbesondere für den deutschen Mittelstand der Spielraum stabiler Kreditbeziehungen mit der generellen Möglichkeit, Fremdkapital vergleichsweise leicht und günstig zu beschaffen. Ausdruck findet die veränderte Kreditvergabe vor allem in den gestiegenen Anforderungen der Banken an die Transparenz sowie Dokumentation von Investitionsvorhaben und die Sicherheitenstellung.

Der wichtigste Grund für die Ablehnung einer Kreditanfrage ist aber vielfach eine zu niedrige Eigenkapitalquote. Die Eigenkapitalquote ist eine zentrale Einflussgröße bei der Beurteilung der Bonität eines Unternehmens und dem damit einhergehenden Rating des Unternehmens und somit auch für dessen Finanzierungskosten. Für die Kreditvergabe folgt hieraus: Je höher die Eigenkapitalquote, desto besser ist die Fähigkeit eines Unternehmens, sich kostengünstig durch ergänzende Fremdmittel zu finanzieren.

1.2 Der deutsche Mittelstand und seine Eigenkapitalausstattung
Deutsche Mittelständler weisen im internationalen Vergleich eine deutlich niedrigere Eigenkapitalausstattung auf als ihre Konkurrenten. Das Eigenkapital mittelständischer Unternehmen schmilzt seit 40 Jahren beständig ab: In den 60er Jahren betrug die Eigenkapitalquote noch rund 30 %. Im Jahr 2000 war nach Angaben der Deutschen Bundesbank ein Eigenkapitalanteil an der Bilanzsumme von lediglich 17 % zu verzeichnen. Die meisten kleineren und mittleren Unternehmen weisen jedoch eine Quote von deutlich unter 10 % aus.

Dieser Umstand stimmt bedenklich, da die Bedeutung einer angemessenen Eigenkapitalausstattung für eine gesunde Unternehmensentwicklung unbestritten ist. Einerseits sichert sie die Existenz des Unternehmens, insbesondere die Fähigkeit, Liquiditätskrisen zu bewältigen und Verluste aufzufangen. Andererseits erleichtert Eigenkapital die Finanzierung von Investitionen und Innovationen, die in Zeiten zunehmender wirtschaftlicher Globalisierung für die Wettbewerbsfähigkeit und somit für das Fortbestehen und Wachstum von Unternehmen unabdingbar sind.

Die schwache Eigenkapitalausstattung des deutschen Mittelstands ist umso beunruhigender, wenn man bedenkt, dass er die tragende Säule der deutschen Volkswirtschaft ist: Von den rund 3,4 Mio. Unternehmen in Deutschland gehören etwa 99,7 % dem Mittelstand an. Mittelständische Unternehmen erwirtschaften 43 % aller steuerpflichtigen Umsätze, bilden 80 % aller Lehrlinge aus und beschäftigen 70 % aller Arbeitnehmer in Deutschland.

Daher müssen alle Anstrengungen unternommen werden, damit das Eigenkapitalproblem nicht zu einem Hindernis für die wirtschaftliche Entwicklung wird. Die Eigenkapitallücke ist jedoch nur zu schließen, wenn ergänzend zur Stärkung der Innenfinanzierung eine verbreitete Zufuhr von Eigenkapital durch alternative Finanzierungsquellen tritt.

1.3 Mitarbeiterbeteiligung als alternative Finanzierungsquelle
Gerade die kleineren und mittleren Unternehmen müssen sich verstärkt nach alternativen Finanzierungsquellen umsehen, mit denen sie ihre Eigenkapitalquote verbessern können. Eine kostengünstige Verbesserung der Eigenkapitalausstattung kann insbesondere durch eine verstärkte Nutzung der Mitarbeiterbeteiligung erreicht werden. Viele der Kapitalbeteiligungsmodelle können – bei entsprechender Ausgestaltung – auch Zielen wie der Stärkung der Eigenkapitalbasis des Unternehmens dienen und einen Beitrag zur Lösung möglicher Finanzierungsprobleme leisten. Durch eine Mitarbeiterkapitalbeteiligung werden die Mitarbeiter zu Kapitalgebern des arbeitgebenden Unternehmens. Dabei kann die Beteili-

gung in Form von Fremd- und Eigenkapital erfolgen. Für die Verbesserung der Eigenkapitalquote eignen sich lediglich die Modelle der Belegschaftsaktie, GmbH-Anteile, Genussrechte und stille Beteiligungen. Unternehmen ist es so möglich, ohne bürokratischen Aufwand und hohe Kosten zusätzliches Kapital zu erhalten. Weiterer Vorteil ist, dass sich der Unternehmer keine unternehmensfremden Personen mit „ins Boot holt". Bei der Ausgabe von Genussrechten und stillen Beteiligungen kommt noch hinzu, dass eine Verschiebung der Stimmrechte nicht erfolgen muss, so dass der Unternehmer in seinen Entscheidungen frei bleibt.

Resultierend daraus wird die Kapitalbasis des Unternehmens gestärkt, die Ratingbewertung wird tendenziell verbessert und der finanzielle Spielraum für Innovationen und Investitionen wird erweitert.

Darüber hinaus sind Mitarbeiterbeteiligungen sehr gut in Kapitalbeschaffungsmaßnahmen über den außerbörslichen Kapitalmarkt (Private Placements) integrierbar.

Exkurs: Mitarbeiterbeteiligung im Rahmen eines Private Placements

Sofern der Kapitalbedarf eines Unternehmens höher liegt als das von den Mitarbeitern voraussichtlich zur Verfügung gestellte Kapital, bietet sich die Ausgabe von Unternehmensbeteiligungen im Rahmen eines Private Placements an.

Unter einem Private Placement versteht man die Möglichkeit, Kapital (Eigenkapital, Eigenkapitalersatz, Fremdkapital) über eine Privatemission (auch Eigenemission) und Platzierung am freien Kapitalmarkt aufzunehmen. Das Spektrum anzubietender Beteiligungsmöglichkeiten ist bei einem Private Placement groß (u. a. Aktien, Genussscheine) und für Unternehmer wie Anleger (auch unter steuerlichen Gesichtspunkten) sehr interessant. So können am freien Kapitalmarkt auch wertpapierlose und damit kostengünstigere Beteiligungen angeboten werden (z. B. Genussrechte, typische-, atypische stille Beteiligungen).

Die Unternehmensbeteiligungen werden in erster Linie über den freien Kapitalanlagevertrieb interessierten Investoren angeboten. Die Eigenemission ist der Gegenbegriff zur Fremdemission, die über Banken als Zwischenstufe zur Platzierung am geregelten Markt stattfindet. Bei der Eigenemission übernimmt das Unternehmen selbst die Begebung von Unternehmensbeteiligungen und bedient sich bei der Platzierung freier Finanzdienstleistungsunternehmen. Die Eigenemission ist daher in der Regel kostengünstiger als die Fremdemission.

Über ein Private Placement können neben Mitarbeitern auch unternehmensfremde Personen auf eine Kapitalbeteiligung angesprochen werden. Die Erfahrungen, die im Rahmen der Ansprache der Mitarbeiter gesammelt wurden, können dabei genutzt werden, um bei dem öffentlichen Angebot der Beteiligung professionell und überzeugend auftreten zu können.

2. Instrument der Sanierung

Innerhalb der finanzwirtschaftlichen Gründe stellt der Einsatz von Mitarbeiterkapital im Rahmen von Unternehmenssanierungen einen Sonderfall dar. Modelle der Mitarbeiterbeteiligung können auch bei Unternehmen in Schwierigkeiten dazu beitragen, die Zukunftsfähigkeit zu sichern. Verbesserung der Kapitalausstattung, Eigeninitiative der Arbeitnehmer, erhöhte Motivation sowie stärkeres betriebswirtschaftliches Bewusstsein sind wichtige Faktoren, die für die Sanierung vieler Unternehmen in einer Krise von Bedeutung sind.

Natürlich kann die Einführung einer Mitarbeiterbeteiligung kein generelles Instrument der Sanierung sein. Die erfolgreiche Durchführung einer Beteiligung der Mitarbeiter ist schon bei wirtschaftlich gut aufgestellten Unternehmen ein komplexes Vorhaben, das einer sorgfältigen Vorbereitung bedarf. Bei Krisenunternehmen, deren Existenz bedroht ist, ist an diese Aufgabe ein erhöhter Anspruch zu stellen. Denn ein solches Modell kann nur unter ganz bestimmten Bedingungen erfolgreich eingesetzt werden.

Damit eine Mitarbeiterbeteiligung in sanierungsbedürftigen Unternehmen erfolgreich realisiert werden kann, sind insbesondere folgende Rahmenbedingungen zu prüfen: Sanierungsfähigkeit des Unternehmens, Bereitschaft weiterer Kapitalgeber, sich an dem Unternehmen zu beteiligen, solide Organisation der Unternehmensführung sowie die Akzeptanz der Mitarbeiterbeteiligung sowohl durch die Gesellschafter als auch durch die Mitarbeiter und ggf. Betriebsräte und Gewerkschaften.

Vor der Einführung muss vor allem feststehen, ob das Unternehmen tatsächlich eine zukünftige langfristige Perspektive hat. Es macht wenig Sinn, dass die Arbeitnehmer ihr Kapital in das Unternehmen investieren, um nur eine Insolvenz des Unternehmens für eine gewisse Zeit hinauszuzögern und das verlorene Kapital um ihre Einlagen zu erweitern. Für die Prüfung der Sanierungsfähigkeit ist ein Sanierungsplan durch die Geschäftsführung aufzustellen, wobei die Einholung der Unterstützung durch externe Berater empfehlenswert ist.

Erst wenn ein erfolgversprechender Sanierungsplan vorliegt, der die Sanierungsfähigkeit des Unternehmens mit einem positiven Ergebnis bescheinigt, sollte das Thema der Mitarbeiterbeteiligung weiter verfolgt werden. Ein finanzieller Beitrag der Mitarbeiter kann ein Baustein bei der Umsetzung des Sanierungsplanes sein.

IV. Lösung der Unternehmensnachfolge-Problematik

In den kommenden Jahren steht bei einer Vielzahl von mittelständischen Unternehmen ein Generationenwechsel an. Das 7. IHK-Unternehmensbarometer vom Januar 2007 zeigt, dass sich bei rund 43.000 Unternehmen in den nächsten Jahren die Nachfolge schwierig gestalten wird, wodurch rund 150.000 Arbeitsplätze gefährdet sind. Dabei stehen viele Unternehmensinhaber immer öfter vor der Situation, dass familienintern kein Nachfolger vorhanden und somit die weitere Zukunft des Unternehmens nicht geregelt ist. Oftmals muss sich ein Unternehmer anderweitig nach einem Nachfolger umsehen. Potenzielle Nachfolger können von außen kommen, wobei der Verkauf an ein anderes Unternehmen, unter Umständen dann auch noch aus den Reihen der Konkurrenz, die Regel ist. Jedoch fällt gerade kleinen Unternehmen die Suche nach einem Käufer oftmals schwer. Hauptursache dafür sind ein zumeist geringer Unternehmenswert und überschaubare Erträge. Daher werden in der Konsequenz zahlreiche Unternehmen schließen müssen.

Bei der Regelung ihrer Nachfolge übersehen jedoch die meisten Unternehmer, dass potenzielle Nachfolger sich bereits im eigenen Unternehmen befinden. In vielen Unternehmen sind Arbeitnehmer beschäftigt, die über das notwendige Qualifikationsprofil verfügen, auf Grund jahrelanger Unternehmenszugehörigkeit den Betrieb so gut kennen wie der Eigentümer selbst und auch am Erhalt des Unternehmens Interesse zeigen.

Eine Mitarbeiterbeteiligung zur Regelung der Unternehmensnachfolge kann hierbei eine gute Möglichkeit sein, die Übernahme des Unternehmens durch (ausgewählte) Mitarbeiter zu finanzieren. Dadurch wird zum einen die Finanzierungshemmschwelle überschritten und zum anderen können Fachwissen, Erfahrung und Organisationsstrukturen im Unternehmen gehalten werden.

Die Lösung der Unternehmensnachfolge-Problematik bietet dem Unternehmer zahlreiche Vorteile:

Die Beteiligung eines oder mehrerer Nachfolgekandidaten bietet dem Unternehmer eine hervorragende Möglichkeit, sich Klarheit über ihre Eignung für eine zukünftige Unternehmensführung zu verschaffen, ohne dass zu diesem Zeitpunkt bereits eine endgültige Entscheidung über den oder die Nachfolger getroffen worden ist. Abhängig von seinen eigenen Zielvorstellungen kann sich der Unternehmer flexibel aus dem Tagesgeschäft bzw. aus der unternehmerischen Verantwortung zurückziehen und der oder die Nachfolger können schrittweise in die unternehmerische Verantwortung eingebunden werden. Auf Grund der Vielzahl von Beteiligungsmodellen kann der Unternehmensinhaber das Maß der Informations-, Kontroll- und Stimmrechte der beteiligten Mitarbeiter steuern. Die unmittelbare Beteiligung der (ausgewählten) Mitarbeiter muss nicht zwingend durch die Einräumung voller Gesellschafterrechte erfolgen.

Im Hinblick auf die potenziellen Nachfolger wird eine stärkere Bindung dieser Personen an das Unternehmen erzielt. Die Aussicht auf eine spätere Unternehmensübernahme fördert das Interesse am Unternehmen und somit die Motivation der beteiligten Mitarbeiter, die sich in einem verstärkten Arbeitseinsatz und -erfolg niederschlägt.

Die Gestaltung der Unternehmensnachfolge durch Mitarbeiterkapitalbeteiligung hat zudem noch vielversprechende positive finanzielle Auswirkungen. Es kommt zu einer Verbesserung der Eigenkapitalquote des Unternehmens verbunden mit einer steigenden Kreditwürdigkeit. Die Signalisierung gegenüber Geschäftspartnern und insbesondere Kreditinstituten, dass eine solide Unternehmensnachfolge gesichert ist bzw. ein Nachfolgeplan vorliegt, wirkt sich entsprechend positiv auf die Bonitätsbeurteilung des Unternehmens und damit auf mögliche Kreditkonditionen aus.

Durch die frühzeitige Einführung der Mitarbeiterkapitalbeteiligung an ausgewählte Mitarbeiter zur Regelung der Unternehmensnachfolge muss die Übernahme durch den oder die Nachfolger nicht in einem Schritt mit entsprechend hohem Kapitalbedarf umgesetzt werden, sondern kann schrittweise erfolgen.

V. Flexibilisierung der Entlohnung

Ein weiterer Grund für die Einführung einer Mitarbeiterbeteiligung liegt in der Möglichkeit zur Flexibilisierung der Entlohnung der Beschäftigten. Die traditionelle Vergütung führt in der Regel in jeglicher wirtschaftlichen

Lage zu einem Liquiditätsabfluss. Die Implementierung von Erfolgs- und/ oder Kapitalbeteiligungen als moderne Vergütungskomponente ermöglichen den Unternehmen, eine wettbewerbsfähige, leistungsabhängige Vergütung zu bieten, die die wirtschaftliche Situation des Unternehmens beachtet.

So kann an die Stelle einer starren Entlohnung eine Kombination aus Fixlohn, einem (leistungs-, ertrags- oder gewinnbezogenen) Bonus aus der Erfolgsbeteiligung und dem Beteiligungsertrag aus der Kapitalbeteiligung treten. Die Löhne werden somit an den Unternehmenserfolg gekoppelt: In wirtschaftlich schlechten Zeiten wird das Unternehmen eine kleinere Gehaltssumme zahlen, demgegenüber verpflichtet sich das Unternehmen in wirtschaftlich guten Zeiten zu einer höheren Vergütung. Für das Unternehmen ist es dadurch möglich, die fixen Lohn- und Gehaltskosten zu reduzieren. Weiterhin verringert sich das Risiko der Illiquidität des Unternehmens bei negativem Geschäftsverlauf, wodurch folglich ein Stellenabbau zur Anpassung an die wirtschaftliche Lage vermieden oder zumindest verringert werden kann. Somit haben die Arbeitnehmer mit einer Erfolgs- oder Kapitalbeteiligung den Vorteil, bei einer positiven Entwicklung des Unternehmens überdurchschnittlich zu profitieren und gleichzeitig die Sicherheit ihres Arbeitsplatzes zu erhöhen.

Gerade jungen, innovativen Unternehmen, die sich in der Anfangsphase regelmäßig in einer angespannten Liquiditätslage befinden, wird es so ermöglicht, qualifizierte Mitarbeiter trotz eines niedrigeren Grundgehaltes eine attraktive Vergütung zu bieten. Auf Grund einer solchen Schonung der Liquidität können junge Unternehmen vermeiden, dass sie in ihrer Entwicklung behindert oder auch gefährdet werden.

VI. Zusätzliche Altersvorsorge

In den vergangenen Jahren wurden vom Gesetzgeber mehrfach Absenkungen des Leistungsniveaus der gesetzlichen Rentenversicherung beschlossen. Durch die demographische Entwicklung in den kommenden 30 bis 40 Jahren wird sich das Verhältnis von Rentnern zu Beitragszahlern von heute 1:2 auf nahezu 1:1 verschlechtern, mit der Folge, dass weniger Beitragszahler für mehr Rentner aufkommen müssen. Auf Grund dessen verringern sich die pro Arbeitnehmer insgesamt gezahlten Beiträge zur Rentenversicherung. Angesichts dieser fatalen Entwicklung in der gesetzlichen Altersversorgung ist es unerlässlich, noch im aktiven Erwerbsleben eine entsprechende Altersvorsorge aufzubauen, damit auch im Rentenalter über ein ausreichendes, den bisherigen Lebensstandard sicherndes Einkommen verfügt werden kann. Auf Grund dessen sind die Modelle der Mitarbeiterbeteiligung als zusätzliches Instrument der Altersvorsorge zunehmend in den Vordergrund gerückt.

Durch eine Kapitalbeteiligung können sich die Mitarbeiter für ihre private Altersvorsorge eine zusätzliche Einkommensquelle erschließen.

So kann für den Mitarbeiter die Möglichkeit bestehen, nach Eintritt in die Rente weiterhin Beteiligter des Unternehmens zu bleiben oder erst ab diesem Zeitpunkt sein Guthaben abzurufen. Es erfolgt dann keine klassische Verrentung der Beteiligung, sondern sie wird auf der Grundlage eines individuellen Vertrages zwischen dem Arbeitnehmer und dem Unternehmer über einen festgelegten Zeitraum ausgezahlt. Damit wird dem Unternehmen nicht auf einmal Liquidität entzogen und der ehemalige Beschäftigte hat eine zusätzliche Altersvorsorge.

C. Ausrichtungen der Mitarbeiterbeteiligung

Mitarbeiterbeteiligungsmodelle gibt es in einer Vielzahl von Formen und Ausgestaltungen. Im Folgenden wird ein Überblick über die Gestaltungsmöglichkeiten der Mitarbeiterbeteiligung am Unternehmen geboten, wobei auf Grund des Schwerpunktes dieses Buches eine detaillierte Darstellung der Kapitalbeteiligungsmodelle erfolgt.

I. Der Begriff der Mitarbeiterbeteiligung

Unter einer Mitarbeiterbeteiligung versteht man allgemein zunächst die Stärkung der innerbetrieblichen Zusammenarbeit durch ein partnerschaftliches Miteinander von Unternehmensleitung und Mitarbeitern infolge einer vertraglichen und dauerhaften Beteiligung von Mitarbeitern am Vermögen des arbeitgebenden Unternehmens. Dabei werden zwei Konzepte unterschieden: zum einen die materielle (finanzielle) und zum anderen die immaterielle (ideelle) Beteiligung.

II. Die materielle Mitarbeiterbeteiligung

In der Praxis existieren verschiedenste Modelle der finanziellen Beteiligung von Arbeitnehmern am arbeitgebenden Unternehmen. Grundsätzlich lassen sich zwei Arten der materiellen Beteiligung unterscheiden: die Erfolgsbeteiligung und die Kapitalbeteiligung.

1. Erfolgsbeteiligung

Im Rahmen der Erfolgsbeteiligung werden alle Beteiligungsmodelle zusammengefasst, bei denen dem einzelnen Mitarbeiter durch das Unternehmen zusätzlich zu seinem Lohn bzw. Gehalt ein gewisser Anteil am Unternehmenserfolg gewährt wird. In den meisten Fällen erhalten die Beschäftigten einen Bonus/eine Tantieme als Zusatz zu ihrer Entlohnung. Die Höhe der Erfolgsbeteiligung kann sich an der eigenen Leistung des Mitarbeiters (leistungsbezogene Erfolgsbeteiligung), am erwirtschafteten Ertrag (ertragsbezogene Erfolgsbeteiligung) oder am Gewinn des Unternehmens (gewinnbezogene Erfolgsbeteiligung) orientieren. Dabei entsteht zwischen dem Mitarbeiter und dem Unternehmen kein über das Arbeitsverhältnis hinausgehendes gesellschaftsrechtliches Verhältnis. Die Erfolgsbeteiligung wird daher meist als Teil des Gehaltes im Anstellungsvertrag vereinbart und unterliegt der Einkommensteuer und Sozialversicherung.

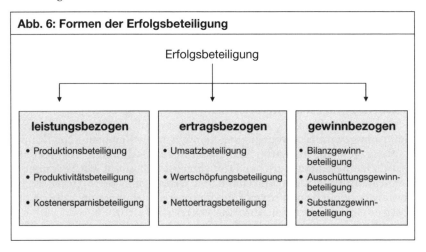

Gemeinsames Merkmal aller Formen der Erfolgsbeteiligung ist, dass sie auf dem wirtschaftlichen Ergebnis des arbeitgebenden Unternehmens basieren.

1.1 Formen der Erfolgsbeteiligung
1.1.1 Leistungsbezogene Erfolgsbeteiligung
Ausgangspunkt der leistungsbezogenen Erfolgsbeteiligung ist die erbrachte Gesamtleistung der Mitarbeiter. Dabei kann sich die Gesamtleistung je nach Interesse auf die Gesamtleistung des Unternehmens, einer Abteilung oder auf sonstige Fachbereiche beziehen. Wird die vorher bestimmte Gesamtleistung überschritten, nehmen die Mitarbeiter in der ebenfalls vorher festgelegten Ausformung der Leistungsbeteiligung an der Überschreitung teil.

Ausformungen der leistungsbezogenen Erfolgsbeteiligung sind die Produktions-, Produktivitäts- und Kostenersparnisbeteiligung.

Nachteilig ist, dass diese Form der Erfolgsbeteiligung Faktoren nicht berücksichtigt, die über den Erfolg des Unternehmens am Markt entscheiden (Preisrückgang oder Imageverlust). So werden unter Umständen Erfolgsanteile auch dann fällig, wenn das Unternehmen einen Verlust ausweist.

1.1.2 Ertragsbezogene Erfolgsbeteiligung
Bezugsgröße der ertragsbezogenen Erfolgsbeteiligung ist der vom Unternehmen erwirtschaftete Ertrag. Dabei werden die Formen der Umsatz-, Wertschöpfungs- und Nettoertragsbeteiligung unterschieden. Das Hauptaugenmerk der ertragsbezogenen Erfolgsbeteiligung liegt anders als bei der leistungsbezogenen Erfolgsbeteiligung auf der Marktentwicklung des Unternehmens. Dagegen werden die erbrachten Leistungen der Mitarbeiter nicht berücksichtigt.

1.1.3 Gewinnbezogene Erfolgsbeteiligung
Klassische Form der Erfolgsbeteiligung ist die Gewinnbeteiligung. Sie gibt es in den Ausformungen der Substanzgewinnbeteiligung, der Ausschüttungsgewinnbeteiligung sowie der Bilanzgewinnbeteiligung. Einzig die Bilanzgewinnbeteiligung hat sich in der Praxis durchgesetzt. Im Rahmen dieser Beteiligung erhalten die Mitarbeiter einen vorab bestimmten Anteil am Bilanzgewinn. Vorteil der gewinnbezogenen Erfolgsbeteiligung ist, dass sich im Gewinn sowohl die Leistung der Mitarbeiter als auch des Erfolges des Unternehmens am Markt vereinen.

Ausgangspunkt für die Beteiligung der Mitarbeiter kann entweder der Steuerbilanzgewinn oder der Handelsbilanzgewinn sein. Für die Wahl des Steuerbilanzgewinns spricht ein erhöhter Vertrauenstatbestand der Mitarbeiter, da hier anders als bei der Handelsbilanz weniger Gestaltungsspielräume existieren und die Steuerbilanz vom Finanzamt geprüft wird.

1.1.4 Wertbezogene Erfolgsbeteiligung – Aktienoptionen
Von vielen Aktiengesellschaften bevorzugt ist die Ausgabe von Aktienoptionen als erfolgsabhängiger Vergütungsbestandteil. Wurde diese Art der Vergütung meist nur den Vorständen und dem oberen Management gewährt, so wird dieses Instrument mittlerweile auch an die übrigen Mitarbeiter verstärkt begeben. Durch die Entwicklung am Neuen Markt hat dieses Modell der Mitarbeiterkapitalbeteiligung in letzter Zeit an Attraktivität für Mitarbeiter verloren.

- **Definition**
Mit der Ausgabe von Aktienoptionen erhält der Erwerber das Recht, nicht die Pflicht, zu einem bestimmten Zeitpunkt oder innerhalb eines bestimmten Zeitraumes Aktien des arbeitgebenden Unternehmens zu einem vorher festgelegten Preis zu beziehen. Somit kommt eine tatsächliche Mitarbeiterbeteiligung erst dann zu Stande, wenn die angebotene Option für den Aktienbezug tatsächlich wahrgenommen wird und die Aktie nicht sofort wieder veräußert wird. Eine Verpflichtung zur Ausübung des Bezugsrechts besteht nicht.

Aktienoptionsprogramme werden vor allem von solchen Aktiengesellschaften bevorzugt als Modell der Mitarbeiterbeteiligung eingeführt, die einerseits ihre Mitarbeiter gesellschaftsrechtlich am Unternehmen beteiligen und andererseits für die Beteiligten keine sofortige Liquiditätsbelastung bzw. ein finanzielles Risiko auf Grund von Kursschwankungen schaffen möchten.

Bis zu dem Zeitpunkt der Ausübung der Option stehen den Mitarbeitern nicht die Rechte eines Aktionärs und somit weder Mitsprache- noch Kontrollrechte zu.

- **Abgrenzung zur Kapitalbeteiligung**
Auf Grund der Tatsache, dass bei Aktienoptionsprogrammen den Mitarbeitern das Recht zum Erwerb von Aktien eingeräumt wird, wird meist vermutet, es handle sich um ein Modell der Kapitalbeteiligung. Dies entspricht jedoch nicht der Beteiligungspraxis. Der Erfolg solcher Programme tritt erst ein, wenn die zu dem vorher vereinbarten Preis erworbenen Aktien durch den Mitarbeiter zu einem höheren Marktpreis wieder veräußert werden. In der Differenz liegt der geldwerte Vorteil des Mitarbeiters – sein Erfolgsanteil. Aber auch die steuerliche Behandlung von Aktienoptionen zeigt deutlich die Zuordnung zu der Erfolgsbeteiligung, da der beteiligte Mitarbeiter hierauf Lohnsteuer zu entrichten hat.

- **Gesellschaftsrechtliche Grundlagen**
Um die schuldrechtlich eingeräumten Aktienoptionen bei Ausübung durch die Mitarbeiter bedienen zu können, muss sich das Unternehmen die erforderlichen Aktien beschaffen. Dafür stehen dem Unternehmen drei Möglichkeiten zur Verfügung: Beschaffung auf Grund von genehmigtem oder bedingtem Kapital oder durch den Erwerb eigener Aktien.

– **Erwerb eigener Aktien**
Mit Inkrafttreten des Gesetzes zur Kontrolle und Transparenz im Unternehmensbereich (KonTraG) am 01. Mai 1998 ist die Durchführung von

Aktienoptionsprogrammen für Unternehmen deutlich erleichtert worden. So wurde mit dem KonTraG in § 71 Abs. 1 AktG die neue Nr. 8 eingeführt, wonach die Hauptversammlung die Gesellschaft für Zwecke der Ausgabe von Aktienoptionen an Mitarbeiter ermächtigen kann, innerhalb einer Frist von 18 Monaten eigene Aktien bis zu einer Höhe von 10 % des Grundkapitals zu erwerben. Erforderlich ist der Beschluss der Hauptversammlung mit einer 3/4-Mehrheit und dem Ausschluss des Bezugsrechts für Altaktionäre.

Von Nachteil ist bei dieser Möglichkeit zum einen, dass die Ermächtigung auf 18 Monate begrenzt ist, d. h., dass die Gesellschaft in dieser Frist die Anzahl der Aktien erwerben muss, die voraussichtlich für die Bedienung der eingeräumten Optionen notwendig sind. Folglich hat die Gesellschaft eine Prognose darüber zu treffen, wie viele beteiligte Mitarbeiter von ihrem Bezugsrecht Gebrauch machen werden. Zum anderen ist nachteilig, dass der Erwerb der eigenen Aktien die Gesellschaft Liquidität kostet.

– **Genehmigtes Kapital**
Die Satzung kann den Vorstand für höchstens fünf Jahre ermächtigen, das Grundkapital bis zu einem bestimmten Nennbetrag durch Ausgabe neuer Aktien gegen Einlagen zu erhöhen. Erforderlich ist ebenfalls ein Beschluss der Hauptversammlung mit 3/4-Mehrheit.

Demnach müssen alle Bezugsrechte innerhalb der fünf Jahre nach Eintragung des Ermächtigungsbeschlusses ausgeübt werden, da ansonsten die Genehmigung verfällt. Darüber hinaus werden durch die bloße Ausübung des Bezugsrechts durch den Mitarbeiter noch keine aktienrechtlichen Mitgliedschaftsrechte erworben, sondern erst mit der Eintragung der durchgeführten Kapitalerhöhung (§§ 203 Abs. 1, 193 AktG).

– **Bedingtes Kapital**
In der Praxis hat sich die Ausgabe von Aktienoptionen durch bedingtes Kapital durchgesetzt. Durch Inkrafttreten des KonTraG wurde die bedingte Kapitalerhöhung neu geregelt. Nach § 192 Abs. 2 Nr. 3 AktG kann nunmehr die bedingte Kapitalerhöhung auch zum Zwecke der Gewährung von Bezugsrechten an Arbeitnehmer und Mitglieder der Geschäftsführung (nicht die des Aufsichtsrates) erfolgen. Auch im Rahmen der bedingten Kapitalerhöhung ist ein Beschluss der Hauptversammlung mit 3/4-Mehrheit erforderlich.

Vorteilhaft bei dieser Möglichkeit ist, dass die Fünf-Jahres-Frist für die Ausübung des genehmigten Kapitals hier keine Anwendung findet, so dass sich das bedingte Kapital für langfristige Aktienoptionsprogramme eignet. Darüber hinaus geht der Gesellschaft keine Liquidität verloren wie bei dem Erwerb eigener Aktien. Durch eine bedingte Kapitalerhöhung wird das Grundkapital bereits mit der Ausgabe der Aktien erhöht und nicht erst mit der späteren Eintragung.

1.2 Rechtliche Grundlagen der Erfolgsbeteiligung

Die Erfolgsbeteiligung fällt in die Sphäre des Arbeitsrechtes. Grundsätzlich stellen Erfolgsbeteiligungen einen Bestandteil des Arbeitsentgeltes dar. Folglich müssen sich die jeweiligen Modelle der Rechtsgrundlagen bedienen, die das Arbeitsrecht zur Verfügung stellt. Somit verbleiben die Möglichkeiten der einzelvertraglichen Vereinbarung, der Betriebsvereinbarung oder des einmaligen, unverbindlichen Angebots.

Bei der Einführung der Erfolgsbeteiligung durch einzelvertragliche Vereinbarung schließen Unternehmen und Mitarbeiter einen Einzelvertrag ab. Dieser wird Bestandteil des Arbeitsvertrages, so dass die Änderung oder Aufhebung der Erfolgsbeteiligung der Zustimmung des Mitarbeiters bedarf bzw. durch Änderungskündigung erfolgen muss.

Eine weitere Möglichkeit als Rechtsgrundlage ist, wenn ein Betriebsrat vorhanden ist, der Abschluss einer Betriebsvereinbarung gemäß § 88 BetrVG. So kann die Erfolgsbeteiligung als eine kündbare oder aber auch als eine zeitlich befristete Vereinbarung abgeschlossen werden. Weiterer Vorteil ist, dass die Geschäftsleitung des Unternehmens nicht mit jedem einzelnen Mitarbeiter eine Vereinbarung treffen muss, sondern der Betriebsrat alleiniger Gesprächspartner ist. Darüber hinaus hat eine solche Vereinbarung einen hohen psychologischen Stellenwert für die Mitarbeiter. Wird die Betriebsvereinbarung zur Einführung einer Erfolgsbeteiligung durch den Betriebsrat abgeschlossen, so stehen die Mitarbeiter dem Modell eher positiv gegenüber.

Dritte Möglichkeit für die Einführung ist ein einmaliges, unverbindliches Angebot der Geschäftsleitung an die Mitarbeiter. Hierdurch verpflichtet sich das Unternehmen, zumeist für das zugesagte Jahr unter bestimmten Bedingungen den Mitarbeitern eine Erfolgsbeteiligung zu gewähren. Somit geht das Unternehmen keine laufenden Verpflichtungen für die kommenden Jahre ein. Nachteil einer derart unverbindlichen Rechtsgrundlage ist, dass die verfolgte Motivation der Mitarbeiter nicht sonderlich gefördert wird, da der Arbeitnehmer lediglich von einem Jahr profitiert und nicht weiß, ob in den folgenden Jahren wieder eine Beteiligung stattfindet.

1.3 Verwaltungs-, Informations- sowie Kontrollrechte des Mitarbeiters

Da der Mitarbeiter bei einer bloßen Erfolgsbeteiligung nicht Mitgesellschafter des Unternehmens wird, stehen ihm auch keine gesellschaftsrechtlichen Mitwirkungsrechte, wie etwa die Teilnahme an der Haupt- bzw. Gesellschafterversammlung, und Stimmrechte zu.

1.4 Haftung des Mitarbeiters

Aus den Geschäften, die das Unternehmen tätigt, ist allein das Unternehmen berechtigt und verpflichtet. Das bedeutet, dass der Mitarbeiter, dem eine Erfolgsbeteiligung gewährt wird, persönlich nicht für die Verbindlichkeiten des Unternehmens haftet.

2. Kapitalbeteiligung

Bei der Kapitalbeteiligung und damit der Mitarbeiterbeteiligung im engeren Sinne wird dem Unternehmen von den Mitarbeitern Kapital zur Verfügung gestellt, das sich entsprechend der jeweiligen Ertragssituation vergrößert und bei bestimmten Ausgestaltungen bei Verlusten des Geschäftsbetriebes auch zu Verlusten im Rahmen der Mitarbeiterbeteiligung führen kann. Bei einer Beteiligung am Kapital des Unternehmens entsteht ein über das arbeitsrechtliche Verhältnis hinausgehendes gesellschafts- oder schuldrechtliches Verhältnis zwischen dem Unternehmen und dem Mitarbeiter. Eine Kapitalbeteiligung der Mitarbeiter steht Unternehmen in allen Rechtsformen offen.

Es existieren verschiedene Modelle der Kapitalbeteiligung, welche jedes für sich seine spezifischen Vor- und Nachteile hat. Hauptsächliches Unterscheidungskriterium ist, wie das Kapital der beteiligten Mitarbeiter im Unternehmen angelegt wird. Die Mitarbeiterkapitalbeteiligung kann sowohl in der Form der Fremdkapital-, Eigenkapital- als auch in der der Eigenkapitalersatzbeteiligung (Mezzanine-Kapital) erfolgen. Dabei ist ausschlaggebend, inwieweit der Unternehmer seinen Mitarbeitern Mitwirkungs- und Gestaltungsrechte einräumen und ob er die Beteiligung als Eigenkapital oder Fremdkapital bilanzieren möchte. Je mehr das Kapital den Charakter von Eigenkapital annimmt, desto ausgeprägter sind die Informations- und Kontrollrechte der beteiligten Mitarbeiter.

Je nach Rechtsform des Unternehmens gibt es die Möglichkeit der direkten Beteiligung über Mitarbeiterdarlehen, GmbH-Anteile, Belegschaftsaktien, Aktienoptionen, stille Beteiligungen sowie Genussrechtsbeteiligungen. Daneben besteht noch die indirekte Beteiligung, bei welcher keine unmittelbare Kapitalbeteiligung des Mitarbeiters zum Unternehmen besteht.

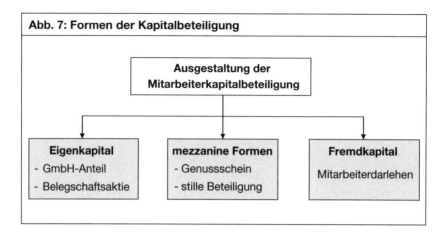

Nach einer Erhebung der Gesellschaft für innerbetriebliche Zusammenarbeit mbH (GIZ) offerieren die meisten Unternehmen ihre Mitarbeiterbeteiligung in Form einer stillen Beteiligung (27,73 %), gefolgt von Unternehmen, die Belegschaftsaktien (16,53 %), Mitarbeiterdarlehen (15,47 %) oder Genussrechtsbeteiligungen (11,47 %) begeben. Das Schlusslicht bilden Unternehmen, die eine GmbH-Beteiligung anbieten (6,67 %).

2.1 Beteiligung am Fremdkapital – Mitarbeiterdarlehen

Stehen die Unternehmen und ihre Mitarbeiter einer Mitarbeiterbeteiligung zwar positiv gegenüber, wagen jedoch noch nicht den Schritt einer Eigenkapitalbeteiligung, so kann das Modell des Mitarbeiterdarlehens als Einstiegsmodell genutzt werden. Dadurch wird beiden Seiten ermöglicht, erste Erfahrungen in der partnerschaftlichen Kommunikation über Ziele und Zahlen des Unternehmens zu sammeln. Die so gewonnenen Erfahrungen können zukünftig für einen weiteren Ausbau der Mitarbeiterbeteiligung bis hin zur Eigenkapitalbeteiligung genutzt werden.

Zu beachten ist, dass die Ausgestaltung der Verträge nicht frei ist, da sie sich nach den rechtlichen Vorgaben der §§ 488 bis 490 BGB zu richten haben.

2.1.1 Verwaltungs-, Informations- und Kontrollrechte des Mitarbeiters

Das Mitarbeiterdarlehen löst keine Gesellschafterstellung und somit weder Mitbestimmungs- noch Informationsrechte der Mitarbeiter aus.

2.1.2 Vermögensrechte des Mitarbeiters

Bei dem Modell des Mitarbeiterdarlehens handelt es sich um eine einfache und rechtsformunabhängige Beteiligung. Das Unternehmen nimmt über Darlehensverträge Kapital bei den Mitarbeitern auf und gewährt diesen grundsätzlich eine feste Verzinsung des Kapitals.

Allerdings kann die Verzinsung auch von bestimmten Erfolgsfaktoren abhängig gemacht werden. Sinnvollerweise sollte die Verzinsung gewinnabhängig gestaltet werden (partiarisches Darlehen), da der Mitarbeiter nur in diesem Fall von den erwirtschafteten Erträgen des Unternehmens profitieren kann, so dass das verfolgte Ziel einer Motivation tatsächlich erreicht werden kann.

Am Ende der Laufzeit ist das zur Verfügung gestellte Kapital zurückzuzahlen. Die Mitarbeiter nehmen nicht am Wertzuwachs des Unternehmens teil. Da im Darlehensvertrag die volle Rückzahlung des Darlehens geregelt wird, ist das finanzielle Risiko der beteiligten Mitarbeiter auf einen eventuellen Zinsverlust begrenzt.

2.1.3 Haftung des Mitarbeiters

Aus den Geschäften, die das Unternehmen tätigt, ist allein das Unternehmen berechtigt und verpflichtet. Das bedeutet, dass der Mitarbeiter als Darlehensgeber persönlich nicht für die Verbindlichkeiten des Unternehmens haftet.

2.1.4 Vorteile und Nachteile

Abb. 8: Vor- und Nachteile Mitarbeiterdarlehen

Vorteile	Nachteile
• rechtsformunabhängig	• keine Verbesserung der Eigenkapitalausstattung
• einfaches und verständliches Modell	• Motivationseffekte werden nur durch erfolgsabhängige Vergütung erreicht
• Verbesserung der Liquidität des Unternehmens	• keine Mitwirkungsrechte
• geringer Aufwand bei Durchführung und Verwaltung der Beteiligung	• Insolvenzsicherung vorgeschrieben
• Förderung nach dem 5. VermBG und § 19a EStG möglich	

2.2 Beteiligung am Eigenkapital

Die Beteiligung am Eigenkapital ist die am weitesten reichende Form der Mitarbeiterbeteiligung. Das von den Mitarbeitern gewährte Kapital steht dem Unternehmen als Eigenkapital langfristig zur Verfügung, ist im vollen Umfang sowohl am Gewinn als auch am Verlust des Unternehmens beteiligt, haftet für die Unternehmensverbindlichkeiten bis zur Höhe der Einlage und ist mit vollen gesellschaftsrechtlichen Mitgliedschaftsrechten ausgestattet. Dadurch erlangt der Mitarbeiter einen vollwertigen Gesellschafterstatus.

Mögliche Modelle sind je nach Rechtsform des Unternehmens der Verkauf von GmbH-Anteilen oder die Ausgabe von Belegschaftsaktien.

2.2.1 GmbH-Anteile

Für Unternehmen, die in der Rechtsform einer GmbH agieren, ist eine Beteiligung über GmbH-Anteile hinsichtlich der Mitbestimmungs- und Gestaltungsrechte der beteiligten Mitarbeiter diejenige Beteiligung, die hinsichtlich der Rechte am weitestgehenden ist.

Die Beteiligung eines Mitarbeiters an einer GmbH erfolgt durch die Übernahme von Gesellschaftsanteilen entweder von Altgesellschaftern oder im Rahmen einer Kapitalerhöhung. Durch die Beteiligung am Stammkapital der Gesellschaft erhalten die Mitarbeiter Geschäftsanteile, so dass sie zu gleichberechtigten Gesellschaftern werden.

Da das GmbHG die wesentlichen Punkte der Beteiligung an einer GmbH gesetzlich vorschreibt, ist diese Form der Mitarbeiterkapitalbeteiligung in ihrer Gestaltung sehr eingegrenzt. Zudem sind bei jeder Änderung der Kapitalausstattung die erforderlichen Gesellschafterbeschlüsse notariell zu beurkunden und in das Handelsregister einzutragen, so dass erhebliche Kosten auf die Gesellschaft zukommen. Das Gleiche gilt bei Ausscheiden eines Gesellschafters und bei der Übertragung von Geschäftsanteilen.

Auf Grund der erheblichen Einflussmöglichkeit von Gesellschaftern auf die Geschäftsführung bietet sich eine Beteiligung über GmbH-Anteile vorrangig dazu an, einen begrenzten Teil der Mitarbeiter – vornehmlich hoch qualifizierte Führungskräfte – zu binden. Insbesondere besteht mit dieser Ausgestaltungsform der Mitarbeiterkapitalbeteiligung die Möglichkeit, Probleme der Unternehmensnachfolge frühzeitig zu regeln.

Die Rechte und Pflichten des beteiligten Mitarbeiters als Gesellschafter einer GmbH ergeben sich aus dem GmbHG und dem Gesellschaftsvertrag.

- **Verwaltungs-, Informations- und Kontrollrechte des Mitarbeiters**
Der Mitarbeiter erhält hier volle Gesellschafterrechte und -pflichten. Die Geschäftsführung und Vertretung der GmbH obliegt alleine dem oder den Geschäftsführern, die von der Gesellschafterversammlung bestellt und auch abberufen werden. Geht man nun von der Annahme aus, dass ein Gesellschafter je Euro 50,– eines Gesellschaftsanteils in der Gesellschafterversammlung eine Stimme besitzt (§ 47 GmbHG), dann haben die beteiligten Mitarbeiter im Verhältnis ihrer Stammeinlagen zum gesamten Stammkapital die Möglichkeit, an der Bestellung des Geschäftsführers erheblich mitzuwirken. Zudem unterliegen die Geschäftsführer im Innenverhältnis einem unbeschränkten Weisungsrecht der Gesellschafterversammlung.

Die Gesellschafterversammlung ist oberstes Willensbildungsorgan der GmbH. Soweit der Gesellschaftsvertrag abweichende Regelungen, soweit zulässig, nicht enthält, sind die Rechte in §§ 46 ff. GmbHG geregelt. Nach § 46 GmbHG treffen die Gesellschafter Entscheidungen z. B. über die Feststellung des Jahresabschlusses, die Verwendung des Ergebnisses, die Einforderung von Einzahlungen auf die Stammeinlagen, die Rückzahlung von Nachschüssen, die Teilung bzw. Einziehung von Geschäftsanteilen, die Bestellung und Abberufung von Geschäftsführern sowie deren Entlastung, die Maßregeln zur Prüfung und Überwachung der Geschäftsführung. Daneben entscheidet die Gesellschafterversammlung auch über Änderung des Gesellschaftsvertrages, Kapitalmaßnahmen, Auflösung der Gesellschaft, Konzernierung und umwandlungsrechtliche Maßnahmen.

Der Gesellschafter besitzt ein Teilnahmerecht an der Gesellschafterversammlung, welches nicht ausgeschlossen werden kann. Außerdem stehen jedem Gesellschafter ein Auskunftsanspruch und ein Anspruch auf Einsicht in die Geschäftsbücher zu.

- **Vermögensrechte des Mitarbeiters**
Jeder GmbH-Gesellschafter hat einen Anspruch auf den erzielten Jahresüberschuss zuzüglich eines Gewinnvortrags und abzüglich eines Verlustvortrages, der gemäß § 29 GmbHG grundsätzlich nach dem Verhältnis der Geschäftsanteile unter den Gesellschaftern zu verteilen ist. Allerdings kann im Gesellschaftsvertrag eine abweichende Regelung getroffen werden, wie ein anderer Gewinnverteilungsschlüssel oder die Pflicht zur Rücklagenbildung.

Darüber hinaus sind die beteiligten Mitarbeiter als GmbH-Gesellschafter am Unternehmenswert bzw. am Liquidationserlös beteiligt.

- **Haftung des Mitarbeiters**
Die Haftung des Mitarbeiters ist grundsätzlich auf die Höhe seiner Einlage beschränkt. Allerdings sehen die §§ 26 bis 28 GmbHG die Möglichkeit einer Nachschusspflicht vor, soweit es im Gesellschaftsvertrag bestimmt ist. Im Rahmen einer Mitarbeiterkapitalbeteiligung empfiehlt es sich, von solchen Regelungen Abstand zu nehmen, da eine solche Nachschusspflicht aus dem Privatvermögen des Mitarbeiters eine abschreckende Wirkung hinsichtlich des Beteiligungsprogramms hat.

- **Veräußerbarkeit und Handelbarkeit der GmbH-Anteile**
Grundsätzlich sind die Geschäftsanteile an einer GmbH frei veräußerlich und vererblich. Im Gesellschaftsvertrag kann jedoch die Abtretung der Geschäftsanteile an weitere Voraussetzungen wie die Genehmigung der Gesellschaft oder die Übertragung nur an Mitgesellschafter geknüpft werden. Um den Eintritt unternehmensfremder Personen zu verhindern, sollte die Abtretung der Geschäftsanteile nur durch Übertragung an die Mitgesellschafter im Gesellschaftsvertrag vereinbart werden.

- **Austritt aus der Gesellschaft**
Ein Austritt aus der Gesellschaft durch einseitige Kündigungserklärung sieht das GmbHG nicht vor. Der Gesellschafter kann jedoch durch den Verkauf seiner Anteile seine Beteiligung an dem Unternehmen lösen. Zumeist wird im Zusammenhang mit einer Mitarbeiterkapitalbeteiligung die Übertragung der GmbH-Anteile an Dritte bzw. an Außenstehende ausgeschlossen und lediglich die Übertragung an Mitarbeiter ermöglicht. Im Einzelfall kann es dann aber dazu führen, dass sich kein Käufer unter den weiteren Mitarbeitern findet, so dass der Mitarbeiter unbegrenzt als Gesellschafter gebunden wäre. Da die deutsche Rechtsordnung eine unbegrenzte Bindung nicht zulässt, hat die Rechtsprechung zumindest in den Fällen, in welchen die freie Veräußerbarkeit gänzlich ausgeschlossen war, den Mitarbeitern ein allgemeines Kündigungsrecht zugestanden. Auf Grund dessen ist es bei Mitarbeiterkapitalbeteiligungs-Programmen über GmbH-Anteile ratsam, ein allgemeines Kündigungsrecht in der Art und Weise einzuräumen, dass die Gesellschafterversammlung in vorher bestimmten Fällen die Einziehung der Geschäftsanteile beschließen kann.

Problematisch war bis zum 19. September 2005 auch die Rechtsauffassung, dass der Bestand von Arbeits- und Gesellschaftsverhältnis nicht koppelbar sei. Dies hatte zur Folge, dass trotz Kündigung des Arbeitsverhältnisses der als GmbH-Gesellschafter beteiligte Mitarbeiter weiterhin Gesellschafter blieb. In seinen Entscheidungen vom 19. September 2005 geht der BGH nunmehr davon aus, dass die beteiligten Mitarbeiter nach Ausscheiden aus dem Arbeitsverhältnis kein weiteres Interesse haben, weiterhin Gesellschafter des Unternehmens zu sein.

- Vorteile und Nachteile

Abb. 9: Vor- und Nachteile GmbH-Anteile

Vorteile	Nachteile
- Erhöhung des Eigenkapitals - da die Mitarbeiter auf Grund ihrer Stellung als Gesellschafter zum Mitunternehmer werden, ist der Motivationseffekt entsprechend hoch - Förderung nach dem 5. VermBG und § 19a EStG möglich - sinnvolles Mittel zur Regelung der Nachfolgeproblematik	- hohe Verwaltungskosten auf Grund notarieller Beurkundung und Eintragung in das Handelsregister - Rechte der Altgesellschafter werden eingeschränkt, da volles Mitspracherecht - nur für eine überschaubare Anzahl von Mitarbeitern geeignet

2.2.2 Belegschaftsaktien

Die bekannteste und vor allem bei börsennotierten Unternehmen anzutreffende Form der kapitalmäßigen Mitarbeiterbeteiligung ist die Ausgabe von Belegschaftsaktien. Bei dieser Beteiligungsform handelt es sich um ein Angebot zum – meist – verbilligten Bezug von Aktien des arbeitgebenden Unternehmens oder der Konzernmutter. Das Angebot von Belegschaftsaktien ist eine direkte Unternehmensbeteiligung. Der beteiligte Mitarbeiter wird als Aktionär zum Gesellschafter des Unternehmens.

Auf Grund der detaillierten Vorgaben des Aktiengesetzes bieten Belegschaftsaktien einerseits ein hohes Maß an Rechtssicherheit. Andererseits kann eine Aktienbeteiligung – abhängig von der Anzahl der ausgegebenen Aktien – den „scheibchenweisen" Verkauf des eigenen Unternehmens bedeuten. Zudem ist die Ausgabe von Aktien rechtsformabhängig, so dass diese Form der Beteiligung für eine Vielzahl von mittelständischen Unternehmen von vornherein nicht in Betracht kommt.

- **Verwaltungs-, Informations- sowie Kontrollrechte des Mitarbeiters**

Dem Mitarbeiter als Erwerber der Belegschaftsaktien und somit als Aktionär werden umfassende Vermögens-, Informations- und Mitverwaltungsrechte eingeräumt, durch die er die Geschicke des Unternehmens teilweise mitbestimmen kann. Die wichtigsten Rechte des Aktionärs sind die Teilnahme an und das Stimmrecht in der Hauptversammlung. Die Leitung des operativen Geschäftes des Unternehmens obliegt allein dem Vorstand, welcher vom Aufsichtsrat bestellt und abberufen wird. Zwar ist der Vorstand nicht weisungsgebunden, unterliegt aber in der grundsätzlichen Ausrichtung seiner Arbeit der Kontrolle des Aufsichtsrats, welcher von den Aktionären und somit auch von den beteiligten Mitarbeitern in der Hauptversammlung gewählt wird.

Auf Grund des Stimmrechtes des Aktionärs kann der beteiligte Mitarbeiter an den Beschlussfassungen der Hauptversammlung mitwirken und somit die Geschicke des Unternehmens beeinflussen. Die Hauptversammlung beschließt neben der Wahl des Aufsichtsrates auch über die Verwendung des Bilanzgewinns, Kapitalerhöhungen, Satzungsänderungen und die Entlastung von Vorstand und Aufsichtsrat. Stimmberechtigt sind jedoch grundsätzlich nur die Inhaber von so genannten Stammaktien. Den Inhabern von Vorzugsaktien steht nur in Ausnahmefällen ein Stimmrecht zu. Allerdings besitzen Vorzugsaktien in der Regel eine höhere Dividendenberechtigung.

Das Recht der beteiligten Mitarbeiter als Aktionäre auf Teilnahme an der Hauptversammlung wird ergänzt durch das Auskunftsrecht. Der Vorstand ist z. B. über alle rechtlichen und geschäftlichen Angelegenheiten rechenschaftspflichtig, sofern die Auskunft zur sachgemäßen Beurteilung eines Tagesordnungspunktes der Hauptversammlung erforderlich ist.

- **Vermögensrechte des Mitarbeiters**

Über die Belegschaftsaktien und aus der damit zusammenhängenden dauerhaften Überlassung von Kapital fließt dem Mitarbeiter ein Entgelt in Gestalt einer Dividende zu, welche vom ausgewiesenen Bilanzgewinn und der Festsetzung der Hauptversammlung abhängig ist. Darüber hinaus sind die Mitarbeiter sowohl am Wertzuwachs des Unternehmens als auch am Liquidationserlös bei Auflösung der Gesellschaft entsprechend ihrem Anteil beteiligt.

- **Haftung des Mitarbeiters**

Die Haftung des Mitarbeiters ist auf die Höhe seiner Einlage beschränkt und erlischt grundsätzlich mit deren Erbringung.

- **Veräußerbarkeit und Handelbarkeit der Belegschaftsaktie**

Die Aktie ist das Instrument der Mitarbeiterkapitalbeteiligung, das eine Übertragung an Dritte grundsätzlich am unproblematischsten ermöglicht. Bei nicht börsennotierten Aktiengesellschaften sind hinsichtlich der Fungibilität Einschränkungen zu machen. Hier sind die ausgegebenen Aktien kein unbeschränkt übertragbares Papier, da ein Börsenhandel nicht möglich ist. Daher sind Sondervereinbarungen zu treffen, ob und an wen die Belegschaftsaktie veräußerbar ist. Da gleichzeitig ein Börsenkurs für die

Festlegung des Wertes der Aktie fehlt, müssen Bewertungsverfahren gefunden und bestimmt werden, die dieses Manko überwinden.

- Vorteile und Nachteile

Abb. 10: Vor- und Nachteile Belegschaftsaktie

Vorteile	Nachteile
• Erhöhung des Eigenkapitals • Motivationswirkung auf Grund von Mitsprache- und Kontrollrechten sowie Teilhabe am Wertzuwachs des Unternehmens ist hoch • bei börsennotierten Gesellschaften kann der Mitarbeiter als Aktionär seine Anteile jederzeit veräußern • Förderung nach dem 5. VermBG und § 19a EStG möglich	• Beteiligungsform ist lediglich bei Aktiengesellschaften möglich • individuelle Gestaltung der Beteiligung ist auf Grund detaillierter Regelung im AktG beschränkt • Bewertung der Aktien bei nicht börsennotierten Unternehmen gestaltet sich schwierig

2.3 Mezzanine-Beteiligung (Eigenkapitalersatz)

Vorteilhafter als eine Beteiligung über Aktien oder GmbH-Anteile ist aus Unternehmens- und auch Mitarbeitersicht regelmäßig der Weg über eine Mezzanine-Beteiligung, wodurch die Eigenschaften von Fremd- und Eigenkapitalbeteiligung verknüpft werden können. Eigenkapital bzw. eigenkapitalähnliche Mittel können einem Unternehmen nicht nur in Gestalt von echtem Gesellschaftskapital, sondern auch in Gestalt von Mezzanine-Kapital zur Verfügung gestellt werden.

Zwar sind diese Beteiligungsformen im Gegensatz zu Aktien und GmbH-Anteilen kein vollwertiges Eigenkapital, sie können jedoch bei bestimmter Ausgestaltung als Eigenkapitalersatz bilanziert werden. Dies erhöht die Eigenkapitalquote des Unternehmens und ermöglicht gerade vor dem Hintergrund der neuen Anforderungen an die Eigenkapitalausstattung bei der Gewährung von Krediten (Basel II) ein besseres Rating.

Darüber hinaus können die mezzaninen Beteiligungsformen von allen Unternehmen unabhängig von ihrer Rechtsform genutzt werden, wobei weder Kosten für notarielle Beurkundung noch Eintragung in das Handelregister anfallen.

Auf dem Gebiet der Mitarbeiterkapitalbeteiligung stehen als mögliche Ausprägungen die stille Beteiligung und das Genussrecht zur Verfügung. Mit der Ausgabe von stillen Beteiligungen oder Genussrechten kann das Unternehmen seine Eigenkapitalausstattung stärken, muss aber seinen Mitarbeitern keine vollen Gesellschafterrechte einräumen. Es bestehen erhebliche Gestaltungsspielräume bezüglich des Kapitalcharakters der Beteiligungsform und der Mitwirkungsrechte.

Der Inhaber des Unternehmens kann bei der Ausgabe solcher Beteiligungsformen „Herr im eigenen Hause" bleiben, da sie nicht automatisch mit Mitwirkungs- und Kontrollrechten verbunden sind.

2.3.1 Stille Beteiligung

Eine gesellschaftsrechtliche Form der Mezzanine-Beteiligung bietet die Beteiligung der Mitarbeiter als stille Gesellschafter. Die stille Gesellschaft findet in den §§ 230 ff. Handelsgesetzbuch (HGB) eine nur sehr knappe Reglementierung. Zwingende Voraussetzungen einer stillen Gesellschaft sind lediglich die Beteiligung an einem Handelsgewerbe, der Übergang der Vermögenseinlage des Stillen in das Eigentum des Geschäftsinhabers und die Beteiligung an den Gewinnen des Geschäftsbetriebes. Alle weiteren Einzelheiten des Beteiligungsverhältnisses können die Vertragsparteien in dem stillen Gesellschaftsvertrag individuell regeln.

- **Verwaltungs-, Informations- sowie Kontrollrechte des Mitarbeiters**

Wie bereits der Name „stille" Gesellschaft verrät, tritt als Handelnder nach außen nur der Inhaber des Geschäftsbetriebes in Erscheinung. Der stille Gesellschafter hat grundsätzlich keine Vertretungsbefugnisse, keine Mitspracherechte und beschränkt sich im Wesentlichen auf seine Finanzierungsfunktion im Hintergrund. Dem stillen Gesellschafter stehen gemäß § 233 HGB gewisse gesetzliche Informations- und Kontrollrechte wie das Verlangen einer abschriftlichen Mitteilung des Jahresabschlusses und die Überprüfung von dessen Richtigkeit durch die Einsichtnahme in den Geschäftsbüchern zu. Allerdings handelt es sich hierbei um dispositives Recht, so dass die Wahrnehmung der Kontrollrechte vertraglich abgeändert werden kann.

- **Vermögensrechte des Mitarbeiters**

Die stille Beteiligung ist eine unternehmerische Gewinngemeinschaft, bei der eine Gewinnbeteiligung des stillen Gesellschafters gesetzlich zwingend vorgeschrieben ist, eine Verlustbeteiligung jedoch ausgeschlossen werden kann. Der stille Gesellschafter ist nicht am Vermögen und an den stillen Reserven des Unternehmens beteiligt.

- **Haftung des Mitarbeiters**
Aus den Geschäften, die das Unternehmen tätigt, ist allein das Unternehmen berechtigt und verpflichtet. Das bedeutet, dass der stille Gesellschafter persönlich nicht für die Verbindlichkeiten des Unternehmens haftet. Dies gilt allerdings nur insoweit, als dass die vereinbarte Einlage erbracht worden ist. Anderenfalls besteht für den stillen Gesellschafter die Verpflichtung, die noch ausstehenden und fälligen Beträge zu leisten. Nach § 236 Abs. 2 HGB gilt die Ausgleichspflicht auch im Falle der Insolvenz des Unternehmens.

- **Verlustbeteiligung**
Wenn eine Verlustbeteiligung im Gesellschaftsvertrag nicht ausgeschlossen wird, so ist der stille Gesellschafter grundsätzlich auch am Verlust beteiligt. Es empfiehlt sich eine eindeutige Regelung. Insbesondere, wenn das stille Kapital Eigenkapitalcharakter erhalten soll, ist die Vereinbarung einer Verlustbeteiligung erforderlich.

- **Ausgestaltung als Fremd- oder Eigenkapital**
Bei der stillen Beteiligung ist die Zuordnung des Beteiligungskapitals in der Handelbilanz zum Fremdkapital oder zum Eigenkapitalersatz von der gesellschaftsrechtlichen Ausgestaltung des Beteiligungsverhältnisses abhängig.

Entspricht das Gesellschaftsverhältnis dem gesetzlichen Leitbild der §§ 230 ff. HGB, dann kann der stille Gesellschafter die Einlage bei der Insolvenz des Geschäftsherrn als Insolvenzforderung geltend machen. Er ist den sonstigen Gläubigern gleichgestellt. Das Einlagenkonto stellt sich als schlichte Forderung gegenüber dem Unternehmen dar und ist als Fremdkapital in der Handelsbilanz zu passivieren.

Wird jedoch das Gesellschaftsverhältnis so ausgestaltet, dass der stille Gesellschafter voll an den Verlusten des Geschäftsbetriebes beteiligt ist, einen Rangrücktritt hinter alle sonstigen Gläubiger der Gesellschaft erklärt und selbst für eine längerfristige Zeit auf einen Gläubigerstatus verzichtet, ist die Einlage dem Eigenkapitalersatz zuzuordnen.

- **Veräußerbarkeit und Handelbarkeit**
Auf Grund des Charakters der stillen Gesellschaft als Personengesellschaft ist eine Übertragung der Mitgliedschaft auf dritte Personen ohne Zustimmung des anderen Gesellschafters grundsätzlich nicht gestattet. Eine solche freie Übertragbarkeit würde dem Unternehmer eine möglicherweise unerwünschte Zusammenarbeit mit einer fremden Person zumuten. Dies widerspricht jedoch der personenrechtlichen Verbundenheit. Allerdings kann im Vertrag die Übertragbarkeit mit Zustimmung der Ge-

sellschaft vereinbart werden. Im Rahmen eines Mitarbeiterbeteiligungsprogramms sollte jedoch die Veräußerbarkeit ausgeschlossen werden, da so keine Gefahr für den Unternehmer besteht, sich mit unternehmensfremden und möglicherweise unerwünschten Personen auseinander setzen zu müssen.

- **Sonderfall: Atypisch stille Beteiligung**

Der vertragliche Gestaltungsspielraum der stillen Beteiligung bewirkt, dass sich die stille Gesellschaft derart stark an die Kommanditgesellschaft annähern lässt, dass der stille Gesellschafter auch steuerlich als Mitunternehmer gleich einem Kommanditisten behandelt wird. Diese Form der stillen Gesellschaft bezeichnet man als atypisch stille Gesellschaft. Während die (typisch) stille Gesellschaft im Wesentlichen dem gesetzlichen Leitbild gemäß §§ 230 ff. HGB folgt, wonach der stille Beteiligte am ordentlichen Geschäftsergebnis des Unternehmens und ggf. auch an einem etwaigen Verlust beteiligt ist, ist der atypisch stille Gesellschafter durch schuldrechtliche Vereinbarung zusätzlich am Vermögen und an den stillen Reserven des Unternehmens beteiligt. Darüber hinaus werden dem stillen Beteiligten bei der atypisch stillen Gesellschaft Mitwirkungs- und Kontrollrechte eingeräumt, die über das gesetzliche Mindestmaß hinausgehen.

- **Vorteile und Nachteile**

Abb. 11: Vor- und Nachteile stille Beteiligung	
Vorteile	Nachteile
• rechtsformunabhängige Beteiligung • bei vertraglicher Ausgestaltung betreffend Kapitalcharakter und Mitsprache- sowie Teilnahmerechten besteht hoher Gestaltungsspielraum • Verbesserung der Eigenkapitalquote bei entsprechender Ausgestaltung. • einfache und kostengünstige Form der Beteiligung • Förderung nach dem 5. VermBG und § 19a EStG möglich	• bei Rechtsformumwandlung oder Veräußerung des Unternehmens ist Zustimmung der stillen Gesellschafter notwendig • auf Grund fehlender Gesellschafterrechte besteht die Möglichkeit, dass der gewünschte Motivations-effekt nicht erreicht werden könnte

2.3.2 Genussrechte

Bei dem Modell der Ausgabe von Genussrechten als Mitarbeiterkapitalbeteiligung überlässt der Mitarbeiter dem Unternehmen Geld und erhält dafür eine jährliche Gewinnbeteiligung. Im Gegensatz zum Aktionär und GmbH-Gesellschafter ist der Genussrechtsinhaber kein Gesellschafter. Bei den Genussrechten handelt es sich generell um Gläubigerrechte, die auf einen Nennwert lauten und mit einem Gewinnanspruch verbunden sind. Das Rechtsverhältnis zwischen dem Unternehmen und dem beteiligten Mitarbeiter als Genussrechtsinhaber basiert auf den vereinbarten Genussrechtsbedingungen, mithin auf einer rein schuldrechtlichen Vereinbarung, in denen insbesondere Regelungen zur Ergebnisbeteiligung, Laufzeit, Kündigung, Rang und Rückzahlung des Genusskapitals getroffen werden. Für Genussrechte existiert keine besondere Regelung. Daher besteht für die Ausgestaltung weitgehend Vertragsfreiheit.

- **Verwaltungs-, Informations- sowie Kontrollrechte des Mitarbeiters**

Gesellschaftsrechtliche Mitwirkungsrechte, wie etwa die Teilnahme an der Haupt- bzw. Gesellschafterversammlung, und Stimmrechte gewähren Genussrechte auf Grund fehlender gesetzlich zwingender Regelungen nicht.

- **Vermögensrechte des Mitarbeiters**

Neben einer gewinnabhängigen Grunddividende werden Genussrechte zumeist mit einer vom Erreichen bestimmter Bilanzkennzahlen (z. B. Jahresüberschuss, Bilanzgewinn) abhängigen Übergewinnbeteiligung ausgestattet. Bei einem negativen Jahresergebnis fällt die Zahlung der (gewinnabhängigen) Dividende aus. Für diesen Fall sehen die Genussrechtsbedingungen regelmäßig einen Nachzahlungsanspruch aus den Jahresüberschüssen der folgenden Jahre vor. Der Genussrechtsinhaber erhält sein Kapital grundsätzlich (nach Kündigung) am Ende der vertraglich festgelegten Laufzeit zurück.

- **Haftung des Mitarbeiters**

Aus den Geschäften, die das Unternehmen tätigt, ist allein das Unternehmen berechtigt und verpflichtet. Das bedeutet, dass der Genussrechtsinhaber persönlich nicht für die Verbindlichkeiten des Unternehmens haftet. In den Genussrechtsbedingungen kann jedoch vereinbart werden, dass dies allerdings nur insoweit gilt, als dass die vereinbarte Einlage erbracht worden ist. Anderenfalls besteht für den Genussrechtsinhaber die Verpflichtung, die noch ausstehenden und fälligen Beträge zu leisten.

- **Veräußerbarkeit und Handelbarkeit**
Da für Genussrechte keine expliziten gesetzlichen Bestimmungen existieren, ist es den Vertragspartnern überlassen, ob die Genussrechte an Dritte verkauft, abgetreten oder in sonstiger Weise übertragen werden können. Im Rahmen eines Mitarbeiterbeteiligungsprogramms sollte jedoch die Veräußerbarkeit an unternehmensfremde Personen ausgeschlossen werden, da so keine Gefahr für den Unternehmer besteht, sich mit unerwünschten Anleger auseinander setzen zu müssen. Darüber hinaus sollte das Angebot einer Beteiligung des Mitarbeiters auch den Effekt einer Partnerschaft haben.

Wird das Genussrecht als Wertpapier verbrieft und dadurch zum Genussschein, so wird aus dem Genussrecht ein Instrument, das ähnlich einer Aktie an und außerhalb von Börsen gehandelt werden kann (vgl. z. B. Bertelsmann-Genussscheine), wobei eine Veräußerbarkeit der Beteiligung außerhalb der Börse auf Grund des fehlenden organisierten Marktes jedoch schwierig ist.

- **Ausgestaltung als Fremd- oder Eigenkapital**
Genussrechte können so ausgestaltet werden, dass sie in der Bilanz als Eigenkapitalersatz ausgewiesen werden. Voraussetzung hierfür ist die Vereinbarung eines Nachranges gegenüber sonstigen Gläubigern der Gesellschaft, die Beteiligung des Genusskapitals am Gewinn und Verlust des Unternehmens sowie die Längerfristigkeit der Kapitalüberlassung. Eigenkapitalähnliche Genussrechte können so ausgestaltet werden, dass die Ausschüttungen bei dem begebenen Unternehmen als Betriebsausgaben abgezogen werden können und somit das steuerliche Ergebnis mindern.

- Vorteile und Nachteile

Abb. 12: Vor- und Nachteile Genussrechte

Vorteile	Nachteile
- rechtsformunabhängige Beteiligung - auf Grund fehlender gesetzlicher Regelungen besteht großer Gestaltungsspielraum hinsichtlich Ausgestaltung (Kapitalcharakter/Mitsprache- und Teilnahmerechte) - Erhöhung der Eigenkapitalquote durch entsprechende Ausgestaltung - Gewinnausschüttungen werden steuerlich wie Zinszahlungen auf Fremdkapital behandelt, wodurch der zu besteuernde Gewinn des Unternehmens sich vermindert. - Förderung nach dem 5. VermBG und § 19a EStG möglich	- eingeschränkter Motivationseffekt möglich, wenn Informations-, Kontroll- und Mitspracherechte von Mitarbeitern ausgeschlossen werden

3. Indirekte Beteiligung

Bei der Variante der indirekten Beteiligung sind die Mitarbeiter nicht direkt am Unternehmen beteiligt, sondern an einer so genannten Mitarbeiterbeteiligungsgesellschaft, welche sich wiederum an dem eigentlichen arbeitgebenden Unternehmen beteiligt. Die Mitarbeiter erwerben in diesem Fall eine Beteiligung an der Mitarbeiterbeteiligungsgesellschaft, die das Kapital an das Unternehmen weiterleitet. Die Vorteile dieser Beteiligungsvariante sind die Bündelung der Vertragsbeziehungen und der verminderte Verwaltungsaufwand.

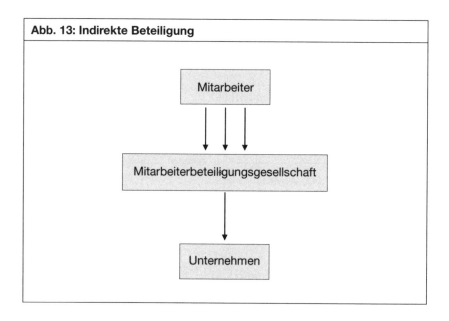

In der Praxis hat sich die GmbH als häufigste Rechtsform für die Mitarbeiterbeteiligungsgesellschaft durchgesetzt. Dabei werden die Mitarbeiter nicht unmittelbar Gesellschafter dieser GmbH, sondern sie werden in der Regel als stille Gesellschafter an der Mitarbeiterbeteiligungs-GmbH beteiligt. Auf Grund dessen sind drei Vertragsebenen zu unterscheiden: der Gesellschaftsvertrag der Mitarbeiterbeteiligungs-GmbH, die stillen Beteiligungsverträge zwischen den einzelnen Mitarbeitern und der Mitarbeiterbeteiligungs-GmbH sowie der Beteiligungsvertrag zwischen dem eigentlichen arbeitgebenden Unternehmen und der Mitarbeiterbeteiligungs-GmbH.

Durch den Abschluss des stillen Beteiligungsvertrages zwischen den einzelnen Mitarbeitern und der Mitarbeiterbeteiligungs-GmbH wirken die oben beschriebenen Rechte der Mitarbeiter nicht gegenüber dem Unternehmen, sondern lediglich im Verhältnis zu der Mitarbeiterbeteiligungsgesellschaft. Daher bietet sich eine indirekte Beteiligung insbesondere für Unternehmen an, die eine klare Trennung zwischen Arbeits- und Beteiligungsverhältnis wünschen und die zugunsten einer geringeren Transparenz auf Motivations- und Bindungseffekte weitestgehend verzichten wollen. Die Mitarbeiter sind dann an den Gewinnen und Verlusten der Mitarbeiterbeteiligungsgesellschaft beteiligt, deren Ergebnis sich aus der Beteiligung am arbeitgebenden Unternehmen ergibt.

III. Investivkapital

Innerhalb der Modelle der Mitarbeiterbeteiligung stellen Beteiligungen in Form des Investivkapitals eine Sonderform dar.

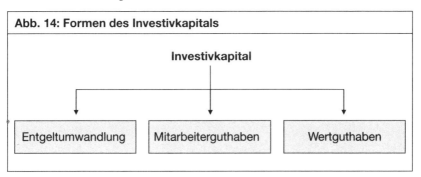

Abb. 14: Formen des Investivkapitals

Charakteristisch für diese Beteiligungsformen ist, dass der Mittelzufluss beim Arbeitnehmer auf einen späteren Zeitpunkt verlagert wird. Bei der Investivkapitalbeteiligung werden Teile des auszuzahlenden Gehaltes bzw. Lohnes oder sonstige Zuwendungen (Weihnachtsgeld, Gratifikationen) einbehalten und vom Arbeitgeber auf einem so genannten Beteiligungskonto gutgeschrieben, über welches der Arbeitnehmer einen gewissen Zeitraum lang nicht verfügen kann. Die jeweiligen Gutschriften werden nicht sofort, sondern erst zum tatsächlichen Auszahlungszeitpunkt besteuert, in welchem der Arbeitnehmer möglicherweise einem geringeren Steuersatz z. B. als Rentner unterliegt. Darüber hinaus werden auch die Sozialversicherungsbeiträge erst zum Zeitpunkt der Auszahlung fällig, da sich die Sozialversicherungsträger hinsichtlich des Zuflusses der Entgeltbestandteile an die steuerliche Behandlung anlehnen.

Die Modelle der Investivbeteiligung stellen keine tatsächliche Beteiligung der Mitarbeiter am Unternehmen wie eine Kapitalbeteiligung dar und können daher kaum bzw. gar nicht die erzielbaren Zwecke einer Mitarbeiterbeteiligung realisieren.

1. Entgeltumwandlung „Deferred Compensation"

Im Rahmen der Entgeltumwandlung verzichtet der Arbeitnehmer auf Grund einer getroffenen Vergütungsabrede auf die Auszahlung eines Teils des laufenden (künftigen) Gehaltes oder einmaliger Entgeltzuwendungen, um im Gegenzug eine betriebliche Altersvorsorge vom Arbeitgeber zu erhalten. Nach dem BetrAVG haben in Deutschland Arbeitnehmer Anspruch auf eine Entgeltumwandlung in Höhe von 4 % der Beitragsbemessungsgrenze in der gesetzlichen Rentenversicherung. Bei der betrieblichen Altersvorsorge muss es sich um eine wertgleiche Zusage des Arbeitnehmers handeln, d. h., dass bei Eintritt des Versorgungsfalls dem Arbeitnehmer mindestens die eingezahlten Beträge abzüglich einer Risikoprämie ausgezahlt werden. Der Arbeitgeber kann als Durchführungsweg die Pensionskasse oder den Pensionsfonds vorgeben. Bietet er keinen dieser beiden Durchführungswege an, kann der Arbeitnehmer die Durchführung über eine Direktversicherung verlangen. Eine Anwartschaft auf betriebliche Altersvorsorge, die durch Entgeltumwandlung finanziert wird, ist sofort unverfallbar, da ein Insolvenzschutz für die umgewandelten Entgeltbestandteile vorgeschrieben ist.

2. Mitarbeiterguthaben

Vom Arbeitgeber zugesagte Gewinnbeteiligungen werden über einen längeren Zeitraum, in welchem der Arbeitnehmer in keiner Weise über das Guthaben verfügen darf, auf einem Beteiligungskonto gutgeschrieben. Unabdingbar für die Anerkennung eines solchen Mitarbeiterguthabens ist zum einem, dass die dort festgeschriebenen Anteile der Gewinnbeteiligung nicht den Charakter einer gesellschaftsrechtlichen Beteiligung erhalten und zum anderen keine Forderung des Arbeitnehmers auf Grund eines Darlehens an den Arbeitnehmer darstellen. Darüber hinaus darf der Mitarbeiter über einen vorher festgelegten Zeitraum über das Guthaben weder durch Auszahlung noch durch Verpfändung oder Beleihung verfügen.

3. Wertguthaben

Bei den Wertguthaben handelt es sich um eine Beteiligungsform auf der Grundlage von Arbeitszeitkonten. Rechtsgrundlage ist das Gesetz zur sozialrechtlichen Absicherung flexibler Arbeitszeitregelung („Flexigesetz"). Auf Grund einer Vereinbarung zwischen Arbeitgeber und Arbeitnehmer bringt der Arbeitnehmer Arbeitszeit (Überstunden) oder Arbeitsentgelt (Teile der laufenden Vergütung, Überstundenvergütung, Weihnachts- und Urlaubsentgelt) auf das Wertguthaben ein, mit dem Ziel einer bezahlten Freistellung von der Arbeit durch Auflösung der Wertguthaben. Bezahlte Freistellungen können z. B. Fortbildung oder Vorverlegung des Ruhestandes sein. Es muss sich auch nicht zwingend um eine vollständige Freistellung handeln, auch eine Reduzierung der Arbeitszeit ist möglich.

Zum Zeitpunkt der Einbringung von Entgeltbestandteilen auf das Guthaben werden weder Lohnsteuer noch Sozialversicherungsanteile fällig. Erst bei der Inanspruchnahme des Wertguthabens sind diese zu leisten. Für den Arbeitgeber sind Wertguthaben ungewisse Verbindlichkeiten, da nicht feststeht, wann und in welcher Höhe es zu einer Leistung an den Arbeitnehmer kommt. Daher sind die Wertguthaben sowohl in der handelsrechtlichen als auch in der steuerlichen Bilanz als Rückstellungen zu verbuchen.

In Fällen der Kündigung, des Todes oder der Erwerbsunfähigkeit tritt ein so genannter Störfall ein mit der Folge, dass die Auszahlung des Wertguthabens sowie die Abführung der Steuern und Sozialversicherungsbeiträge sofort fällig werden. Nach § 7d SGB IV sind die Parteien verpflichtet, die Wertguthaben einschließlich des Arbeitgeberanteils zum Gesamtsozialversicherungsbeitrag gegen Insolvenz abzusichern. Dies gilt jedoch nicht, soweit ein Anspruch auf Insolvenzgeld besteht, das Wertguthaben einschließlich des Arbeitgeberanteils zum Gesamtsozialversicherungsbeitrag das Dreifache der monatlichen Bezugsgröße nicht übersteigt und der Zeitraum zwischen der ersten Einbringung und dem Ausgleich weniger als 27 Monate beträgt.

Zur Erreichung der Effekte einer typischen Mitarbeiterbeteiligung dienen Wertguthaben nicht, da es sich hier lediglich um ein Element der Arbeitszeitgestaltung handelt.

IV. Die immaterielle Mitarbeiterbeteiligung

Unter immaterieller Mitarbeiterbeteiligung versteht man die Mitwirkung oder Mitbestimmung von Mitarbeitern an Gestaltungs- und gegebenenfalls Entscheidungsprozessen des Unternehmens. Unabhängig von einer Kapitalbeteiligung ist der Mitarbeiter bei unternehmerischen Entscheidungen eingebunden. In der Praxis ist die immaterielle Beteiligung auf Grund freiwilliger Vereinbarung ein Teil der Kapitalbeteiligung. Denn die mit der Kapitalbeteiligung verfolgten Ziele lassen sich nur erfolgreich erreichen, wenn das Unternehmen gleichzeitig einen intensiven Kommunikations- und Informationsfluss gegenüber seinen Mitarbeitern praktiziert.

Abb. 15: Formen der immateriellen Beteiligung

Gesetzliche Regelung „Mitbestimmung"	Freiwillige Regelung „Partizipation"
• Mitbestimmung am Arbeitsplatz • Mitbestimmung im Betrieb • Mitbestimmung auf Unternehmensebene	• Kooperative Führungsformen • Indirekte Partizipation • Direkte Partizipation

Da im Rahmen dieses Buches der Fokus auf die Mitarbeiterbeteiligung durch Kapitalbeteiligung gelegt wird, wird im Weiteren nicht auf die Details einer immateriellen Beteiligung eingegangen.

D. Staatliche Förderungsmöglichkeiten

Die staatliche Förderung von Mitarbeiterbeteiligungsprogrammen ist ein wesentliches Element, um das Interesse der Mitarbeiter zu wecken und um gegebenenfalls bestehende Vorbehalte zu überwinden.

Auf Grund des Dritten Vermögensbeteiligungsgesetzes werden Mitarbeiterbeteiligungen in zwei Bereichen staatlich gefördert. Zum einen ist eine Förderung durch die Arbeitnehmersparzulage für vermögenswirksame Leistungen nach dem 5. VermBG möglich, zum anderen durch die Inanspruchnahme des Steuerfreibetrags nach § 19a EStG für den vergünstigten Erwerb von Unternehmensbeteiligungen. Beim kumulativen Vorliegen der entsprechenden Voraussetzungen können beide Formen der staatlichen Förderung gleichzeitig in Anspruch genommen werden.

I. Entwicklung der staatlichen Förderungsmöglichkeiten

Vermögenswirksame Leistungen wurden 1961 mit dem Ersten Vermögensbildungsgesetz mit dem Grundgedanken ins Leben gerufen, die Arbeitnehmer durch Leistungen der Arbeitgeber und des Staates am Wachstum des Volksvermögens teilhaben zu lassen. Allerdings beschränkte sich die staatliche Förderung auf außerbetrieblich angelegte Investivlöhne. Nach jahrelangen politischen Diskussionen über eine stärkere Förderung von Kapitalbeteiligungen der Mitarbeiter am arbeitgebenden Unternehmen trat zum 01. Januar 1984 das Erste Vermögensbeteiligungsgesetz in Kraft, welches eine Weiterentwicklung des bisherigen Vermögensbildungsgesetzes und die Einführung des § 19a EStG beinhaltete. Mit der Einführung des Gesetzes machte die damalige Bundesregierung deutlich, dass die Beteiligung von Arbeitnehmern am arbeitgebenden Unternehmen diejenige Form der Vermögensbildung ist, die den Prinzipien einer sozialen und freien Marktwirtschaft am ehesten Rechnung tragen kann.

In den darauf folgenden Jahren wurden die Vorschriften des Gesetzes stetig weiterentwickelt. Zum 01. Januar 1987 trat das Zweite Vermögensbeteiligungsgesetz in Kraft, auf Grund dessen neue Anlageformen, die einer staatlichen Förderung zugänglich waren, aufgenommen wurden. Insbesondere wurde die Anwendung der Vermögensbildungsgesetze und des § 19a EStG vereinfacht.

Eine der wichtigsten Novellierungen für die staatliche Förderung von Mitarbeiterbeteiligungen trat zum 01. Januar 1990 in Kraft. Seit diesem Zeitpunkt werden vermögenswirksame Leistungen, die in Prämiensparen oder Lebensversicherungen angelegt werden, nicht mehr vom Staat gefördert. Dagegen werden vor allen Formen der Kapitalbeteiligung gefördert. Die neue politische Richtung der staatlichen Förderung verschaffte den Unternehmen eine gute Möglichkeit, erstmals die traditionelle Unternehmensfinanzierung über Bankkredite zu durchbrechen und sich die Finanzierungsmittel direkt vom Arbeitnehmer zu holen.

Seit 1999 werden für die Vermögensbildung des Arbeitnehmers zwei Förderkörbe angeboten, die nebeneinander genutzt werden können. Zum einen die Förderung für Bausparen und zum anderen für Kapitalbeteiligungen. Bis zum 01. Januar 2004 wurden Kapitalbeteiligungen mit einem Anlagevolumen von Euro 408,– mit einer Sparzulage von 20 % gefördert. Seit diesem Zeitpunkt werden nunmehr Kapitalbeteiligungen mit einem Anlagevolumen von Euro 400,– mit einer Sparzulage von 18 % durch den Staat gefördert.

II. Förderung nach dem 5. VermBG

Nach dem 5. VermBG gewährt der Staat auf tariflich vereinbarte oder aus eigenen Mitteln des Arbeitnehmers aufgebrachte vermögenswirksame Leistungen des Arbeitgebers, die in Form einer finanziellen Beteiligung am arbeitgebenden Unternehmen angelegt werden, eine Arbeitnehmersparzulage. Das Vermögensbildungsgesetz trifft ausführliche Regelungen zum Anlagekatalog der förderungsfähigen Beteiligungsformen, zur Sparzulage und zu den Konditionen, die mit der Gewährung der staatlichen Förderung verbunden sind.

1. Förderfähige Beteiligungsformen

Nach dem Anlagenkatalog des 5. VermBG sind folgende Beteiligungsformen der Mitarbeiterkapitalbeteiligung förderfähig:

- Belegschaftsaktien
- GmbH-Anteile
- Genussrechte
- stille Beteiligungen
- Mitarbeiterdarlehen

Dabei werden die Modalitäten für eine Mitarbeiterkapitalbeteiligung über Genussrechte, stille Beteiligungen sowie Mitarbeiterdarlehen teilweise gesetzlich vorgeschrieben.

So muss bei der Ausgabe von Genussrechten an die Mitarbeiter und gleichzeitiger Nutzung des 5. VermBG darauf geachtet werden, dass die Genussrechte gewinnabhängig ausgestaltet sind. Insbesondere ist eine feste Mindestverzinsung nur in beschränktem Umfang möglich. Die Rückzahlung zum Nennwert darf im Rahmen einer Genussrechtsbeteiligung nicht garantiert werden, d.h. es ist eine Verlustbeteiligung vorzusehen.

Bei der Beteiligungsform des Mitarbeiterdarlehens ist eine Förderung durch das 5. VermBG nur zulässig, wenn auf Kosten des Arbeitgebers die Ansprüche aus dem Darlehensvertrag durch ein Kreditinstitut verbürgt oder durch ein Versicherungsunternehmen privatrechtlich gesichert werden.

Stille Beteiligungen sind nur in der Form der typisch stillen Beteiligung förderfähig, da nach den Voraussetzungen des 5. VermBG der beteiligte Mitarbeiter nicht als Mitunternehmer im Sinne des § 15 Abs. 1 Nr. EStG angesehen werden darf, wie es bei der atypisch stillen Beteiligung der Fall ist.

2. Vermögenswirksame Leistungen

Bei vermögenswirksamen Leistungen handelt es sich um Geldleistungen, die der Arbeitgeber für den Arbeitnehmer anlegt. Sie sind zwingend anzulegen, der Arbeitnehmer kann nicht verlangen, dass sie an ihn ausgezahlt werden.

Förderfähig sind folgende Personen:

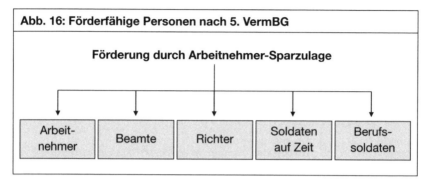

Abb. 16: Förderfähige Personen nach 5. VermBG

Durch die Novellierung zum 01. Januar 2004 liegt der Höchstbetrag der vermögenswirksamen Leistungen bei Euro 870,–, wobei zwei Förderebenen unterschieden werden:

zum einen die Anlage in betriebliche und außerbetriebliche Beteiligungen bis zu einem maximalen Anlagevolumen von Euro 400,–, zum anderen die Anlage in Bausparverträge bis zu einem Anlagehöchstbetrag von Euro 470,–. Da eine Anlage in Produktivvermögen und in einen Bausparvertrag kumulativ möglich ist, können vermögenswirksame Leistungen von jährlich bis zu Euro 870,– mit einer Sparzulage gefördert werden.

Die Gewährung der vermögenswirksamen Leistung ist entweder tarifvertraglich geregelt oder erfolgt auf freiwilliger Basis. Zahlt der Arbeitgeber keine vermögenswirksamen Leistungen, so kann der Arbeitgeber aus seinem eigenen versteuerten Einkommen vermögenswirksam sparen. In bestimmten Fällen können die vermögenswirksamen Leistungen auch zugunsten des Ehegatten und der Kinder des Arbeitnehmers, die zu Beginn des maßgebenden Kalenderjahres das 17. Lebensjahr noch nicht vollendet haben, gezahlt werden.

3. Sparzulage

Gemäß § 13 des 5. VermBG wird eine Mitarbeiterkapitalbeteiligung seit dem Jahr 2004 mit einer Sparzulage von 18 % gefördert. Eine Sparzulage von 9 % wird gewährt, wenn die vermögenswirksamen Leistungen zum Bausparen verwendet werden.

Die maximal erreichbare Sparzulage beträgt somit derzeit Euro 114,30.

Abb. 17: Sparzulage im Rahmen vermögenswirksamer Leistungen		
Anlageform	Aktien*, GmbH-Anteile*, stille Beteiligungen*, Genussscheine*, Arbeitnehmerdarlehen*	Bausparverträge
Maximal förderfähiger Betrag	400 Euro p. a.	470 Euro p. a.
Einkommensgrenzen	Arbeitnehmer mit zu versteuerndem Einkommen von bis zu 17.900,– Euro (Alleinstehende) bzw. 35.800,– Euro (Verheiratete)	
Sperrfrist	7 Jahre	7 Jahre
*im eigenen Unternehmen		

Der Anspruch auf eine Arbeitnehmersparzulage ist seit dem Jahr 1999 an Einkommensgrenzen gekoppelt: Förderfähig sind Arbeitnehmer, deren zu versteuerndes Einkommen die Grenze von Euro 17.900,– (für Alleinstehende) bzw. Euro 35.800,– (für zusammenveranlagte Ehegatten) nicht überschreitet.

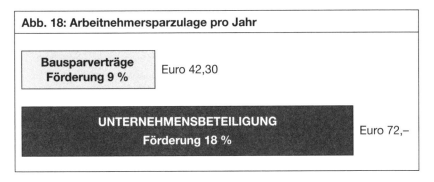

Abb. 18: Arbeitnehmersparzulage pro Jahr

4. Verfahren

Die steuerfreie Sparzulage wurde dem Arbeitnehmer früher vom Arbeitgeber im Rahmen seiner Lohn- und Gehaltsabrechnung ausgezahlt. Seit 1994 erfolgt die Berechnung und die Auszahlung der Sparzulage durch die Zentralstelle der Länder bei der Oberfinanzdirektion Berlin (Außenstelle, Sonnenallee 223 a, 12059 Berlin). Hierzu hat der Arbeitgeber die vermögenswirksamen Leistungen zu bescheinigen, die im jeweiligen Kalenderjahr angelegt worden sind. Nachdem die jeweilige Sperrfrist abgelaufen ist, erfolgt die Auszahlung von den jeweils zuständigen Landesfinanzbehörden an den Arbeitgeber, der diese an den Arbeitnehmer weiterleitet.

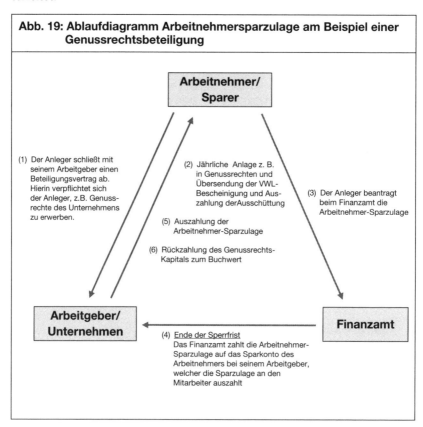

Abb. 19: Ablaufdiagramm Arbeitnehmersparzulage am Beispiel einer Genussrechtsbeteiligung

5. Sperrfrist

Voraussetzung für den Erhalt der steuerfreien Sparzulage ist, dass die jeweilige Mitarbeiterbeteiligung einer gesetzlichen Sperrfrist von sieben Jahren unterliegt, innerhalb derer das angelegte Kapital grundsätzlich nicht ausgezahlt werden kann. Das Jahr der Begründung der Beteiligung wird dabei mitgerechnet. Innerhalb dieses Zeitraums ist eine Verfügung durch den Arbeitnehmer nicht zulässig, ebenso darf er seine Beteiligung nicht beleihen oder verpfänden. Werden die Sperrfristen hinsichtlich der Beteiligungsdauer nicht eingehalten, entfällt grundsätzlich der Anspruch auf die Arbeitnehmersparzulage rückwirkend. Dies gilt nicht, wenn die Wertpapiere und Rechte wertlos geworden sind oder der Arbeitnehmer ohne eigene Veranlassung (z. B. Kündigung des Arbeitgebers) den Beteiligungswert realisiert.

Unschädlich ist eine vorzeitige Beendigung der Beteiligung entsprechend den gesetzlichen Ausnahmen:

- im Todesfall oder einer vollständigen Erwerbsunfähigkeit des Arbeitnehmers oder seines Ehegatten,
- bei mindestens einjähriger ununterbrochener Arbeitslosigkeit,
- bei Heirat und Ablauf von mindestens zwei Jahren der Sperrfrist und
- bei Aufnahme einer selbstständigen Tätigkeit durch den Arbeitnehmer und gleichzeitiger Aufgabe der Arbeitnehmereigenschaft.

6. Insolvenzsicherung

Gemäß § 2 Abs. 5a des 5. VermBG sind für vermögenswirksame Leistungen, die als Beteiligung im arbeitgebenden Unternehmen angelegt werden, Vorkehrungen durch den Arbeitgeber vorzunehmen, die der Absicherung gegen Zahlungsunfähigkeit des Arbeitgebers dienen. Das doppelte Risiko, im Falle der Insolvenz des Unternehmens sowohl das Beteiligungskapital als auch den Arbeitsplatz zu verlieren, ist der Grund für die Regelung.

Mitarbeiterdarlehen sind von der Regelung nicht erfasst, soweit vermögenswirksame Leistungen hierfür eingesetzt werden oder die Steuervergünstigung des § 19 a EStG genutzt wird, da in diesem Fall seit jeher eine Absicherung durch Bankbürgschaft oder durch ein Versicherungsunternehmen vorgeschrieben ist.

Die Vorschrift gilt nicht für jede Beteiligung der Mitarbeiter am Produktivvermögen, sondern nur für Mitarbeiterkapitalbeteiligungen in der Form der Belegschaftsaktie, GmbH-Anteile, Genussrechte sowie stille Beteiligungen. Ihr Geltungsbereich bezieht sich nur auf die angelegten vermögenswirksamen Leistungen und auf die Sperrzeit. Sie hat keine Geltung für sonstige Finanzierungsmittel der Mitarbeiter zum Erwerb der Kapitalbeteiligungen und insbesondere nicht für die Inanspruchnahme der Steuervergünstigung nach § 19a EStG.

Die Regelung des § 2 Abs. 5a des 5. VermBG schreibt jedoch keine bestimmten Arten von Vorkehrungen vor. Es wird dem Unternehmen überlassen zu entscheiden, welche Vorkehrungen als sinnvoll angesehen werden. Eine Absicherung kann wie bei einem Mitarbeiterdarlehen durch Bankbürgschaft oder durch ein Versicherungsunternehmen erfolgen.

Allerdings sieht die Vorschrift keine Sanktionen gegen das Unternehmen vor, wenn keine Vorkehrungen für den Fall einer eintretenden Insolvenz getroffen werden. Folglich ist ein konkreter Insolvenzschutz nicht vorgeschrieben.

Abb. 20: Insolvenzversicherung

	Insolvensicherung		
	vermögenswirksame Leistungen	Inanspruchnahme von 19a EStG	Keine vermögenswirksamen Leistungen, keine Inanspruchnahme von 19a EStG
Mitarbeiterdarlehen	Absicherung vorgeschrieben – durch Bankbürgschaft oder – durch privatrechtliche Absicherung bei Versicherungsunternehmen	Insolvenzschutz vorgeschrieben	kein Insolvenzschutz vorgeschrieben
Weitere Beteiligungsformen	Arbeitgeber und Arbeitnehmer haben Vorkehrungen zur Absicherung zu treffen	kein Insolvenzschutz vorgeschrieben	kein Insolvenzschutz vorgeschrieben

III. Der Steuervorteil gemäß § 19a EStG

Grundsätzlich zählen alle Zahlungen und geldwerten Vorteile, die dem Arbeitnehmer vom Arbeitgeber gewährt werden, zum Arbeitsentgelt und sind somit steuer- und sozialversicherungspflichtig. Dabei ist es unerheblich, ob es sich um laufende oder einmalige Bezüge handelt.

Eine Ausnahme ergibt sich nur bei der steuerbegünstigten Überlassung von Vermögensbeteiligungen gemäß § 19a EStG. Danach kann der Arbeitgeber, der seinem Mitarbeiter eine betriebliche Kapitalbeteiligung verbilligt oder unentgeltlich anbietet, einen steuerfreien Zuschuss pro Jahr und Mitarbeiter übereignen. Die Höhe der Steuervergünstigung ist auf den halben Wert der Vermögensbeteiligung und insgesamt auf höchstens Euro 135,- begrenzt. Dieser Betrag unterliegt auch nicht der Sozialversicherung.

Voraussetzung für die Anwendung des § 19a Abs. 1 EStG ist, dass es sich um eine Vermögensbeteiligung im Sinne des § 2 Abs. 1 Nr. 1 und Abs. 2 bis 5 des 5. VermBG handelt. Daher sind begünstigte Vermögensbeteiligungen: Aktien am arbeitgebenden Unternehmen, GmbH-Anteile an einem inländischen Unternehmen, Beteiligungen als typisch stiller Gesellschafter (nicht die atypisch stille Beteiligung) sowie Genussrechte. Zu beachten ist auch, dass nur der geldwerte Vorteil durch die unentgeltliche oder verbilligte Überlassung von Vermögensbeteiligungen steuerbegünstigt ist, nicht dagegen Geldleistungen des Arbeitgebers zur Begründung oder zum Erwerb von Vermögensbeteiligungen. Außerdem ist die Gewährung einer Vermögensbeteiligung dann nicht unentgeltlich oder verbilligt, wenn die Vermögensbeteiligung anstelle von Arbeitslohn gewährt wird, der zum Zeitpunkt der Überlassung schon geschuldet wird.

Abb. 21: Vermögensvorteil nach § 19a EStG

Wert der Beteiligung	Euro 400,–	Euro 400,–	Euro 200,–	Euro 200,–
Mittelaufbringung durch Arbeitnehmer	Euro 200,–	Euro 265,–	Euro 100,–	Euro 65,–
Vermögensvorteil	Euro 200,–	Euro 135,–	Euro 100,–	Euro 135,–
steuer- und sozialabgabenfrei	Euro 135,– (Maximalbetrag für Steuervergünstigung)	Euro 135,– (Maximalbetrag für Steuervergünstigung)	Euro 100,– (halber Wert der Vermögensbeteiligung)	Euro 100,– (halber Wert der Vermögensbeteiligung)
zu versteuernder geldwerter Vorteil	Euro 65,–	Euro 0,–	Euro 0,–	Euro 35,–

Anm.: Der Vermögensvorteil ist steuerfrei, soweit er nicht höher als der halbe Wert der Vermögensbeteiligung ist und insgesamt Euro 135,– im Kalenderjahr nicht übersteigt.

Beispiel

Wird ein Mitarbeiter mit einer Beteiligung im Wert von Euro 500,– beteiligt und kann er die Beteiligung jedoch für Euro 250,– erwerben, weil ihm der Arbeitgeber einen verbilligten Erwerb und damit einen geldwerten Vorteil gewährt, so beträgt dieser Vorteil aus dem verbilligten Erwerb Euro 250,–. Dieser Vorteil ist in der Höhe der Hälfte des Beteiligungswertes (in diesem Fall auch Euro 250,–), höchstens aber in Höhe von Euro 135,– steuerfrei. Mithin sind in dem Beispiel nur Euro 115,– (vermögenswerter Vorteil in Höhe von Euro 250,– minus Euro 135,–) als vermögenswerter Vorteil zu versteuern.

Soweit die steuerliche Höchstgrenze des § 19a EStG überschritten wird, liegen in Bezug auf den überschießenden geldwerten Vorteil Einkünfte aus nichtselbstständiger Arbeit vor, die lohnsteuer- und sozialversicherungspflichtig sind. Der potenzielle Zuwendungsbetrag von Euro 135,– unterliegt im Gegensatz zur Sparzulage keinerlei Einkommensgrenzen und ist somit von jedem Mitarbeiter unabhängig von seinem Arbeitsentgelt nutzbar. In der Vergangenheit wurde der steuerliche Vorteil nur gewährt, wenn eine sechsjährige Sperrfrist eingehalten wurde; dies ist mittlerweile jedoch ersatzlos weggefallen.

IV. Kombination von Sparzulage und Steuervorteil

Auf Grund des Dritten Vermögensbeteiligungsgesetzes kann eine Mitarbeiterbeteiligung auch im Wege der Kombination von vermögenswirksamen Leistungen mit dem nach § 19a EStG gewährten Steuervorteil gestaltet werden und dadurch dem Arbeitnehmer den optimalen Nutzen bringen.

In diesem Fall bietet der Arbeitgeber eine Unternehmensbeteiligung vergünstigt an und der Arbeitnehmer setzt für seinen Eigenanteil vermögenswirksame Leistungen ein. Während die Sparzulage im Rahmen der vermögenswirksamen Leistungen auf Antrag jedes Jahr nachträglich festgesetzt und nach Ablauf der Sperrfrist ausgezahlt wird, ist die Steuervergünstigung bei der jährlichen Einkommensteuerveranlagung zu berücksichtigen.

E. Steuer- und sozialversicherungsrechtliche Behandlung der Mitarbeiterbeteiligung

I. Steuerrechtliche Behandlung der Kapitalbeteiligung

Die steuerliche Behandlung einer Mitarbeiterkapitalbeteiligung ist von der Art und Gestaltung der Beteiligungsform abhängig.

1. Besteuerung der Eigenkapitalbeteiligungsmodelle

1.1 Aktienbeteiligung
Die steuerliche Veranlagung der Aktienbeteiligung erfolgt in zwei Schritten: die Besteuerung auf Unternehmensseite und die Besteuerung auf der Seite des beteiligten Mitarbeiters als Aktionär.

1.1.1 Besteuerung beim Unternehmen
Auf ihre jährlich erwirtschafteten Gewinne hat die Aktiengesellschaft als Kapitalgesellschaft Körperschaftsteuer zzgl. Solidaritätszuschlag zu entrichten. Zugleich unterliegt sie der Gewerbesteuer. Derzeit unterliegt das zu versteuernde Einkommen der Aktiengesellschaft einem Körperschaftsteuersatz von 25 % zuzüglich Solidaritätszuschlag auf die Körperschaftsteuer in Höhe von 5,5 %, somit insgesamt 26,375 %. Nach dem seit 2001 angewendeten Halbeinkünfteverfahren wird das Unternehmen unabhängig von seinem Ausschüttungsverhalten mit dem Körperschaftsteuersatz belastet. Demnach stellen Dividendenzahlungen an beteiligte Mitarbeiter als Aktionäre eine reine Gewinnverwendung dar, die den zu versteuernden Jahresgewinn nicht mindern.

1.1.2 Besteuerung beim Mitarbeiter
• Einkommensteuer
− Einkünfte aus nichtselbstständiger Arbeit
Der Erwerb von Aktien auf Grund eines Mitarbeiterbeteiligungsprogramms führt nicht zu einem geldwerten Vorteil, der gemäß § 19 Abs. 1 Satz 1 Nr. 1 EStG i. V. m. § 2 LStDV und § 38 Abs. 1 EStG als Einkünfte aus nichtselbstständiger Arbeit lohnsteuerpflichtig ist. Denn ein geldwerter Vorteil ergibt sich nicht gemäß § 19a Abs. 2 EStG aus der Differenz

des Ausgabekurses zum Kurs am Tag der Beschlussfassung über die Ausgabe der Aktien an die Mitarbeiter.

Wird dem Mitarbeiter im Rahmen des Mitarbeiterbeteiligungsprogramms jedoch die Aktie verbilligt oder unentgeltlich überlassen und stand im Zeitpunkt des Überlassungsbeschlusses der geldwerte Vorteil noch nicht fest, so ist im Rahmen des § 19a EStG lediglich die Hälfte der Beteiligung, jedoch nur bis zur Höchstgrenze von Euro 135,–, steuerfrei. Darüber hinaus ist der geldwerte Vorteil lohnsteuerpflichtig.

– **Einkünfte aus Kapitalvermögen**
Schüttet die Aktiengesellschaft nunmehr Gewinnanteile an die beteiligten Mitarbeiter als Aktionäre aus, wird auf Ebene des Mitarbeiters der ausgeschüttete Gewinn unter Anwendung des Halbeinkünfteverfahrens erneut versteuert. Die Einnahmen aus der Gewinnbeteiligung unterliegen als Einkünfte aus Kapitalvermögen (§ 20 Abs. 1 Nr. 1 EStG) der Einkommensteuer.

Der nach Abzug der Körperschaftsteuer ausgeschüttete Gewinn (Nettodividende) unterliegt gemäß §§ 43 Abs. 1 Nr. 1, 43a Abs. 1 Nr. 1 EStG zunächst der Kapitalertragsteuer in Höhe von 20 % zuzüglich des Solidaritätszuschlags von 5,5 %. Die jeweilig anfallende Kapitalertragsteuer ist von der Gesellschaft einzubehalten und an das für sie zuständige Finanzamt abzuführen. Der beteiligte Mitarbeiter erhält somit von der Gesellschaft nur den Auszahlungsbetrag in Höhe von 78,9 % der Nettodividende (sog. Bardividende).

Bei der Besteuerung der Dividenden beim beteiligten Mitarbeiter ist zu beachten, dass die Nettodividende und nicht der Auszahlungsbetrag versteuert werden muss. Die zu versteuernde Nettodividende ist allerdings für den Mitarbeiter im Rahmen des Halbeinkünfteverfahrens (§ 3 Nr. 40 EStG) zur Hälfte einkommensteuerfrei. Die andere Hälfte der Nettodividende gehört zu den Einkünften aus Kapitalvermögen und ist von dem Mitarbeiter mit seinem persönlichen Steuersatz zu versteuern. Dabei wird jedoch die bereits durch das Unternehmen abgeführte Kapitalertragsteuer bei der Einkommensteuerveranlagung vollständig auf die persönliche Einkommensteuerschuld des beteiligten Mitarbeiters angerechnet. Auf Grund des Halbeinkünfteverfahrens dürfen Werbungskosten bei der Ermittlung der Einkünfte nur zur Hälfte abgezogen werden (§ 3c Abs. 2 EStG).

Soweit die Gewinnanteile des Mitarbeiters zusammen mit seinen sonstigen Kapitalerträgen den Sparerfreibetrag zzgl. Werbungskosten-Pauschbetrag nicht übersteigen, bleiben sie steuerfrei. Bei einer Aktienbeteiligung kommen als Werbungskosten z. B. Aufwendungen für Beratungskosten, Fachliteratur, Fahrten zu Unternehmensversammlungen, Portokosten und Telefongebühren in Frage.

– **Besteuerung von Veräußerungsgewinnen**
Werden die Aktien durch den Mitarbeiter veräußert, unterliegt ein etwaiger Veräußerungsgewinn der Einkommensteuer, wenn zwischen der Anschaffung und der Veräußerung der Aktien nicht mehr als ein Jahr liegt. Für Gewinne aus privaten Veräußerungsgeschäften gilt derzeit noch eine Freigrenze von gegenwärtig Euro 512,– pro Jahr. Das Halbeinkünfteverfahren ist auch für die Besteuerung von Veräußerungsgewinnen anzuwenden. Das bedeutet, dass für Anteilsveräußerungen ab dem Jahr 2002 lediglich Einkommensteuer auf den halben Veräußerungsgewinn zu zahlen ist (und im Gegenzug auch hier nur noch die Hälfte der mit der Beteiligung in Verbindung stehenden Werbungskosten anerkannt werden). Die Steuerpflicht gilt seit dem Jahr 2002 im Übrigen auch außerhalb der Behaltensfrist von einem Jahr, wenn der Aktionär grundsätzlich zu irgendeinem Zeitpunkt innerhalb der vergangenen fünf Jahre vor der Veräußerung mittelbar oder unmittelbar mindestens mit 1 % am Grundkapital des Unternehmens beteiligt war.

- **Erbschaft- und Schenkungsteuer**
Der Erwerb von Aktien durch Erbfall oder Schenkung unterliegt der Erbschaft- und Schenkungsteuer. Voraussetzung dafür ist, dass der Erblasser zur Zeit seines Todes bzw. der Schenker zur Zeit der Ausführung der Schenkung oder der Erwerber zur Zeit der Entstehung der Steuer ein Inländer im Sinne des Erbschaftsteuer- und Schenkungsteuergesetzes ist. Familienangehörige und Verwandte können Freibeträge in Anspruch nehmen und damit gegebenenfalls eine Besteuerung vermeiden. Die Höhe der möglichen Freibeträge sowie der anwendbare Steuersatz bestimmen sich nach dem jeweiligen Verwandtschaftsgrad zwischen Erblasser bzw. Schenker und dem Erwerber.

1.2 GmbH-Beteiligung
1.2.1 Besteuerung beim Unternehmen
Die erwirtschafteten Gewinne der GmbH als Kapitalgesellschaft unterliegen ebenso wie bei der Aktiengesellschaft der Körperschaftsteuer zzgl. Solidaritätszuschlag und zugleich der Gewerbesteuer. Auf Grund dessen wird insoweit auf die obigen Ausführungen verwiesen.

1.2.2 Besteuerung beim Mitarbeiter
• Einkommensteuer
– Einkünfte aus nichtselbstständiger Arbeit
Der Erwerb von GmbH-Anteilen auf Grund eines Mitarbeiterbeteiligungsprogramms führt nicht zu einem geldwerten Vorteil, der gemäß § 19 Abs. 1 Satz 1 Nr. 1 EStG i. V. m. § 2 LStDV und § 38 Abs. 1 EStG als Einkünfte aus nichtselbstständiger Arbeit lohnsteuerpflichtig ist. Wird dem Mitarbeiter jedoch im Rahmen des Mitarbeiterbeteiligungsprogramms der GmbH-Anteil verbilligt oder unentgeltlich überlassen, so ist im Rahmen des § 19a EStG lediglich die Hälfte der Beteiligung, jedoch nur bis zur Höchstgrenze von Euro 135,– steuerfrei. Ein darüber hinausgehender geldwerter Vorteil ist steuerpflichtig.

– Einkünfte aus Kapitalvermögen
Werden durch die GmbH Gewinne an den beteiligten Mitarbeiter als GmbH-Gesellschafter ausgeschüttet, so unterliegen diese der Kapitalertragsteuer in Höhe von 20 % des ausgeschütteten Gewinns (§ 43 Abs. 1 Nr. 1, § 43a Abs. 1 Nr. 1 EStG). Die jeweilig anfallende Kapitalertragsteuer ist von der Gesellschaft einzubehalten und an das für sie zuständige Finanzamt abzuführen. Bei dem beteiligten Mitarbeiter selbst unterliegt die Gewinnausschüttung nach dem sog. Halbeinkünfteverfahren zur Hälfte der persönlichen Einkommensteuer (§ 3 Nr. 40, § 3c Abs. 2 EStG), sofern er im Inland wohnhaft ist. Dabei wird die bereits einbehaltene Kapitalertragsteuer auf die Einkommensteuer angerechnet. Wegen der Einzelheiten der Besteuerung bei einer GmbH wird auf die Ausführungen zur Besteuerung von Aktien verwiesen.

– Besteuerung von Veräußerungsgewinnen
Veräußert der beteiligte Mitarbeiter seine GmbH-Anteile, hat er den Veräußerungsgewinn zu 50 % der Einkommensteuer zu unterwerfen (vgl. § 3 Nr. 40, § 3c Abs. 2 EStG). Außerdem ist der Solidaritätszuschlag in Höhe von 5,5 % der Einkommensteuer zu entrichten (vgl. § 1 Abs. 1, § 3 Abs. 1 Nr. 1 SolZG). Befinden sich die Anteile in einem Gewerbebetrieb, fällt zudem Gewerbesteuer auf den hälftigen Veräußerungsgewinn an (§ 7 GewStG).

• Erbschaft- und Schenkungsteuer
Der Erwerb von GmbH-Anteilen durch Erbfall oder Schenkung unterliegt der Erbschaft- und Schenkungsteuer. Da keine Besonderheiten bestehen, wird auf die obigen Ausführungen bei der Aktienbeteiligung verwiesen.

2. Besteuerung der Mezzanine-Beteiligungsmodelle

Im Rahmen der steuerlichen Behandlung stellt sich zunächst die Frage, ob die Mezzanine-Beteiligung für Steuerzwecke Eigenkapital- oder Fremdkapitalcharakter hat. Hierbei sind insbesondere Merkmale wie eine Beteiligung am Gewinn, am Liquidationserlös und das Recht auf Kapitalrückzahlung maßgeblich. Die steuerliche Qualifikation orientiert sich grundsätzlich am Handels- und Gesellschaftsrecht, weist allerdings eine Reihe von Besonderheiten auf.

Zumeist wird das Mezzanine-Kapital steuerlich als Fremdkapital behandelt und die Kapitalkosten können dementsprechend bei der Gesellschaft als Mezzanine-Kapitalnehmer grundsätzlich steuerlich in Abzug gebracht werden. Dies gilt unabhängig davon, ob das Mezzanine-Kapital bei dem Unternehmen in der Handelsbilanz als Eigenkapital passiviert wird, also auch für Genussrechte und stille Beteiligungen mit bilanziellem Eigenkapitalcharakter.

Weist eine Form der Mezzanine-Finanzierung ausnahmsweise auch steuerlich Eigenkapitalcharakter auf, sind die Vergütungszahlungen beim Unternehmen nicht als Betriebsausgabe abzugsfähig. Ist das eingesetzte Mezzanine-Instrument hingegen steuerlich als Fremdkapital zu qualifizieren, ist die Kapitalvergütung grundsätzlich als Betriebsausgabe abzugsfähig. In der steuerlichen Behandlung als Fremdkapital trotz seines (bilanziellen) Eigenkapitalcharakters liegt bekanntlich einer der wesentlichen Vorzüge des Mezzanine-Kapitals für den Kapitalnehmer.

2.1 Genussrechte
2.1.1 Besteuerung beim Unternehmen
Bei der steuerlichen Behandlung von Genussrechten beim Unternehmen muss neben der Qualifizierung nach Eigen- bzw. Fremdkapital danach differenziert werden, ob es sich um eine Kapital- oder um eine Personengesellschaft handelt.

- **Kapitalgesellschaften (GmbH, AG)**
Für Kapitalgesellschaften bestimmt § 8 KStG die Ermittlung des zu versteuernden Einkommens der Gesellschaft. Im Rahmen dieser Ermittlung wird zunächst auf die Gewinnermittlungsvorschriften des Einkommensteuergesetzes (§§ 4, 5 EStG) verwiesen.

Dabei bestimmt § 8 Abs. 3 Alternative 2 KStG, dass Ausschüttungen auf Genussrechte, mit denen das Recht auf Beteiligung am Gewinn und am Liquidationserlös der Kapitalgesellschaft verbunden ist, das Einkommen nicht mindern, d.h., dass Ausschüttungen auf solche „beteiligungsähnlichen" Genussrechte für die Kapitalgesellschaft keinen Aufwand darstellen, mithin den Gewinn als Grundlage der Besteuerung nicht zu mindern vermögen (bzw. dem Bilanzgewinn zur Ermittlung der Körperschaftsteuer wieder hinzugerechnet werden).

Trifft diese Ausnahme nicht zu, bleibt es im Umkehrschluss bei der Regel, dass Ausschüttungen auf Genussrechte bei der Gesellschaft Betriebsausgaben sind und damit den Gewinn mindern. Denn für Zwecke der steuerlichen Gewinnermittlung werden diese Genussrechte wie Fremdkapital behandelt. Da diese Genussrechte der Finanzierung der Gesellschaft dienen, sind die Aufwendungen der Gesellschaft auf sie, in Form der Ausschüttungen, betrieblich veranlasst und somit Betriebsausgaben im Sinne des § 4 Abs. 4 EStG.

- **Dividendenzahlung als Gewinnverwendung**

Sind die an die beteiligten Mitarbeiter begebenen Genussrechte nun in der Art ausgestaltet, dass sie neben einer Beteiligung am Gewinn auch eine Beteiligung am Liquidationserlös vorsehen, so mindern die Ausschüttungen auf die Genussrechte den Gewinn des Unternehmens nicht, sondern stellen lediglich eine reine Gewinnverwendung dar.

Eine Gewinnbeteiligung im Sinne von § 8 Abs. 3 Satz 2 KStG ist jede Art der Teilnahme am wirtschaftlichen Erfolg einer Unternehmung. Eine solche liegt bei einem Genussrechtsinhaber vor, wenn er sich den handelsrechtlichen Gewinn mit den Gesellschaftern teilt. Dadurch, dass der Vergütungsanspruch des Genussrechtinhabers (un-)mittelbar an die Höhe des Gewinns angekoppelt ist, nimmt er am Risiko des Geschäftsbetriebes teil. Auf Grund dieser Ausgestaltung unterscheiden sich die Ausschüttungen auf Genussrechte von den allgemein bekannten Zinsen, die unabhängig vom Unternehmenserfolg, d. h. auch im Verlustfall, gezahlt werden müssen.

Eine Beteiligung am Gewinn wird ebenfalls auch dann angenommen, wenn die Zahlung eines Festzinses vereinbart wird, welcher jedoch unter dem Vorbehalt eines ausreichenden Gewinns des Unternehmens gezahlt wird. Obwohl der Genussrechtsinhaber also formal betrachtet einen Zins erhält, liegt wegen der Erfolgsabhängigkeit eine Gewinnbeteiligung im Sinne des § 8 Abs. 3 Satz 2 KStG vor.

Eine Beteiligung am Liquidationserlös setzt eine Teilhabe des Genussrechtsinhabers an den stillen Reserven in der Form voraus, dass am Ende der Beteiligungslaufzeit das Genusskapital zzgl. anteiliger stiller Reserven zurückzuzahlen ist.

Nach Ansicht der Finanzverwaltung liegt eine Beteiligung am Liquidationserlös aber auch dann vor, wenn der Genussrechtsinhaber die Rückzahlung seines Genusskapitals vor Liquidation der Gesellschaft nicht verlangen kann bzw. ein Rückzahlungsanspruch auf Grund einer (unkündbaren) Laufzeit von mindestens 30 Jahren wirtschaftlich bedeutungslos ist.

Die Vereinbarung eines Nachranges – auch in Verbindung mit einer Teilnahme am Gewinn und Verlust – führt allein nicht zu eine Beteiligung am Liquidationserlös.

– **Dividendenzahlung als Betriebsausgabe**
Ist eine der oben genannten Voraussetzungen nicht gegeben, so stellen die Ausschüttungen der Gesellschaft an den Genussrechtsinhaber Betriebsausgaben dar, die im Jahr ihrer wirtschaftlichen Verursachung den körperschaftsteuerpflichtigen Gewinn der Gesellschaft nach § 8 Abs. 1 KStG i. V. m. §§ 4 Abs. 4, 5 EStG mindern.

So kann es bei der Gewinnbeteiligung bleiben, ohne die sich die Eigenkapitalqualität des Genusskapitals nicht erreichen ließe, und doch kann die Ausschüttung – Zinsen auf Fremdkapital – gewinnmindernd geltend gemacht werden, indem von der Vereinbarung einer Beteiligung am Liquidationserlös abgesehen wird.

- **Personengesellschaften (KG, OHG)**
Bei einer Personengesellschaft unterliegt nicht die Gesellschaft der Besteuerung, sondern steuerpflichtig sind allein die beteiligten Gesellschafter als natürliche Personen. Nach ständiger Rechtsprechung des Bundesfinanzhofes (BFH) sind Personengesellschaften jedoch partielle Steuerrechtsubjekte insoweit, als dass sie „Subjekte der Gewinnerzielung und Gewinnermittlung" sind. Bereits auf der Ebene der Personengesellschaft muss bei der Gewinnermittlung geklärt werden, welche Ausgaben den Gewinn mindern und welche nicht.

Während für Kapitalgesellschaften der § 8 Abs. 3 Satz 2 KStG eine explizite Regelung bezüglich der Ausschüttungen auf Genussrechte vorsieht, fehlt eine solche für den Bereich des Einkommensteuerrechts und damit für Personengesellschaften. Die Frage der Abzugsfähigkeit der Ausschüttungen auf die Genussrechte ist auf Grund dessen nach allgemeinen Grundsätzen zu beurteilen.

Ein Mitarbeiter, der nicht Gesellschafter der Personengesellschaft ist, wird als Genussrechtsinhaber in der Regel weder Gesellschafter noch Mitunternehmer.

Da die Genussrechtsbeteiligung zivilrechtlich Gläubigerrechte und keine Mitgliedschaftsrechte gewährt, gehören die Ausschüttungen auf die Genussrechte zu den vom Grundsatz her abzugsfähigen Ausgaben, d. h., die auf die Genussrechte entfallenden Vergütungen mindern den Gewinn der Personengesellschaft und sind damit abzugsfähige Betriebsausgaben (§ 4 Abs. 4 EStG). Unerheblich ist bei Personengesellschaften, ob die beiden Merkmale „Recht auf Beteiligung am Gewinn" bzw. „Recht auf Beteiligung am Liquidationserlös" alternativ oder sogar kumulativ vorliegen. Der § 8 Abs. 3 Satz 2 KStG gilt nämlich nur für Kapitalgesellschaften und ist auf Personengesellschaften nicht anwendbar.

Daher sind die Ausschüttungen einer Personengesellschaft auf Genussrechte an Anleger, die keine Mitunternehmer sind, stets als Betriebsausgaben abzusetzen und mindern so das zu versteuernde Einkommen der Gesellschafter.

2.1.2 Besteuerung beim Mitarbeiter
* **Einkommensteuer**
– **Einkünfte aus nichtselbstständiger Arbeit**
Der Erwerb von Genussrechten auf Grund eines Mitarbeiterbeteiligungsprogramms führt nicht zu einem geldwerten Vorteil, der gemäß § 19 Abs. 1 Satz 1 Nr. 1 EStG i. V. m. § 2 LStDV und § 38 Abs. 1 EStG als Einkünfte aus nichtselbstständiger Arbeit lohnsteuerpflichtig ist. Werden dem Mitarbeiter jedoch im Rahmen des Mitarbeiterbeteiligungsprogramms Genussrechte verbilligt oder unentgeltlich überlassen, so ist im Rahmen des § 19a EStG lediglich die Hälfte der Beteiligung, jedoch nur bis zur Höchstgrenze von Euro 135,–, steuerfrei. Ein darüber hinausgehender geldwerter Vorteil ist steuerpflichtig.

– **Einkünfte aus Kapitalvermögen**
Schüttet das Unternehmen an die beteiligten Mitarbeiter als Genussrechtsinhaber Dividenden aus, unterliegen die Einnahmen aus der Gewinnbeteiligung als Einkünfte aus Kapitalvermögen (§ 20 Abs. 1 Nr. 7 EStG) der Einkommensteuer. Sind die Genussrechte sowohl am Gewinn als auch am Liquidationserlös beteiligt, fallen die Ausschüttungen unter § 20 Abs. 1 Nr. 1 EStG.

Die steuerliche Veranlagung erfolgt dabei grundsätzlich in zwei Schritten:

Im Wege der so genannten Quellenbesteuerung werden die Ausschüttungen auf die Genussrechte zunächst bei der Gesellschaft pauschal besteuert. Der Gewinnanteil des beteiligten Mitarbeiters (Bruttodividende) unterliegt gemäß §§ 43 Abs. 1 Nr. 2, 43a Abs. 1 Nr. 2 EStG der Kapitalertragsteuer in Höhe von 25 % zzgl. des Solidaritätszuschlages von

5,5 % der Kapitalertragsteuer, mithin einem Steuersatz von 26,38 %. Die jeweilig anfallende Kapitalertragsteuer ist von der Gesellschaft einzubehalten und an das zuständige Finanzamt abzuführen. Hierüber erhält der Mitarbeiter vom Unternehmen eine Bescheinigung, die er im Rahmen seiner persönlichen Einkommensteuerveranlagung zur Erstattung der abgeführten Kapitalertragsteuer bzw. zur Anrechnung auf seine persönliche Einkommensteuerschuld nutzen kann.

Als Nettodividende zur Auszahlung an den Mitarbeiter als Anleger kommt demnach 73,62 % der Bruttodividende. Jedoch ist es die Bruttodividende, die beim Anleger der Einkommensteuer (zzgl. Solidaritätszuschlag) unterliegt.

Der als Genussrechtsinhaber beteiligte Mitarbeiter hat die vom Unternehmen ausgestellte Bescheinigung über die Abführung der Kapitalertragsteuer im Rahmen seiner persönlichen Einkommensteuererklärung an das für ihn zuständige Finanzamt zu übermitteln. Bei der Berechnung der persönlichen Steuerschuld wird die einbehaltene und abgeführte Kapitalertragsteuer zzgl. Solidaritätszuschlag vollständig angerechnet, so dass die Ausschüttungen mit dem persönlichen Steuersatz des Mitarbeiters versteuert werden.

Die Gewinnanteile des beteiligten Mitarbeiters bleiben steuerfrei, soweit sie zusammen mit seinen sonstigen Kapitalerträgen die Summe aus Werbungskosten-Pauschbetrag und Sparerfreibetrag nicht übersteigen und der Anleger seiner Einkommensteuererklärung die Bescheinigung des Unternehmens über die abgeführte Kapitalertragsteuer beifügt.

Sämtliche Aufwendungen zur Erwerbung, Sicherung und Erhaltung der Kapitalerträge, die im wirtschaftlichen Zusammenhang mit der Mezzanine-Beteiligung des Mitarbeiters am Unternehmen stehen, sind als Werbungskosten abziehbar, soweit sie nicht durch den Werbungskosten-Pauschbetrag abgegolten sind. Als Werbungskosten kommen z. B. in Frage: Aufwendungen für die Beratung, Fachliteratur, Portokosten, Telefongebühren. Soweit der Mitarbeiter als Anleger Werbungskosten über den Pauschbetrag hinaus nachweisen kann, können sie auch über diesen Betrag hinaus steuerlich geltend gemacht werden.

– **Besteuerung von Veräußerungsgewinnen**
Veräußert der beteiligte Mitarbeiter seine Genussrechte, unterliegt ein Veräußerungsgewinn, also der Veräußerungspreis abzüglich der Anschaffungs- und Veräußerungskosten, der Einkommensteuer (§§ 22 Nr. 2, 23 Abs. 1 Satz 1 Nr. 2 EStG), wenn zwischen der Anschaffung und der Veräußerung der Beteiligung nicht mehr als ein Jahr liegt. Die Gewinne blei-

ben derzeit jedoch steuerfrei, wenn der aus den privaten Veräußerungsgeschäften erzielte Gesamtgewinn im Kalenderjahr weniger als Euro 512,– betragen hat. Verluste dürfen bis zur Höhe des Gewinns, den der Steuerpflichtige im gleichen Kalenderjahr aus privaten Veräußerungsgeschäften erzielt hat, ausgeglichen werden. Nicht ausgeglichene Verluste dürfen auch im Wege des Verlustabzugs nach Maßgabe des § 10d EStG mit privaten Veräußerungsgewinnen des unmittelbar vorangegangenen Veranlagungszeitraums oder der folgenden Veranlagungszeiträume verrechnet werden (§ 23 Abs. 3 Satz 9 EStG).

- **Erbschaft- und Schenkungsteuer**
Der Erwerb von Genussrechten durch Erbfall oder Schenkung unterliegt der Erbschaft- und Schenkungsteuer. Es wird auf die obigen Ausführungen im Rahmen der Aktienbeteiligung verwiesen, da gesonderte Ausführungen nicht erforderlich sind.

2.2 Stille Beteiligung
2.2.1 Typisch stille Beteiligung
- **Besteuerung beim Unternehmen**

Liegt eine typisch stille Beteiligung vor, d. h. der stille Gesellschafter trägt keine steuerrechtliche Mitunternehmerschaft, so sind die Ausschüttungen auf die typisch stille Beteiligung beim Unternehmen im Rahmen des Einkommensteuerrechts nicht anders zu behandeln als die Ausschüttungen auf Genussrechte. Die Ausschüttungen mindern als Betriebsausgaben den Gewinn (Kapitalgesellschaften: § 8 Abs. 1 Satz 1 KStG i. V. m. § 5 EStG; Personengesellschaften: § 4 Abs. 1 und 4 EStG).

- **Besteuerung beim Mitarbeiter**
- Einkünfte aus nichtselbstständiger Arbeit

Der Erwerb einer typisch stillen Beteiligung auf Grund eines Mitarbeiterbeteiligungsprogramms führt nicht zu einem geldwerten Vorteil, der gemäß § 19 Abs. 1 Satz 1 Nr. 1 EStG i. V. m. § 2 LStDV und § 38 Abs. 1 EStG als Einkünfte aus nichtselbstständiger Arbeit lohnsteuerpflichtig ist. Wird dem Mitarbeiter jedoch im Rahmen des Mitarbeiterbeteiligungsprogramms der GmbH-Anteil verbilligt oder unentgeltlich überlassen, so ist im Rahmen des § 19a EStG lediglich die Hälfte der Beteiligung, jedoch nur bis zur Höchstgrenze von Euro 135,–, steuerfrei. Ein darüber hinausgehender geldwerter Vorteil ist steuerpflichtig.

- Einkünfte aus Kapitalvermögen

Merkmal einer stillen Beteiligung ist, dass der beteiligte Mitarbeiter dem Unternehmen Kapitalvermögen zur Nutzung überlässt und ihm aus dieser Nutzungsüberlassung ein Entgelt zufließt. Die Einnahmen aus der Gewinnbeteiligung rechnen steuerlich ebenfalls zu den Einkünften aus Kapitalvermögen (§ 20 Abs. 1 Nr. 4 EStG) und unterliegen daher der Einkommensteuer des Beteiligten.

Werden durch das Unternehmen Gewinnanteile an den beteiligten Mitarbeiter als typisch stiller Beteiligter ausgeschüttet, so unterliegen diese der Kapitalertragsteuer in Höhe von 25 % zzgl. Solidaritätszuschlag von 5,5 % (§ 43 Abs. 1 Nr. 3, § 43a Abs. 1 Nr. 2 EStG).

Wegen des Verfahrens, der steuerlichen Behandlung von Veräußerungsgewinnen sowie der Erbschaft- und Schenkungsteuer wird auf die obigen Ausführungen zu den Genussrechten verwiesen.

Steuerschuldner der Gewerbesteuer ist das Unternehmen und Steuergegenstand dessen Gewerbebetrieb, so dass der typisch stille Gesellschafter nicht zur Gewerbesteuer herangezogen wird.

2.2.2 Atypisch stille Beteiligung
- **Besteuerung beim Unternehmen**

Der atypisch stille Gesellschafter ist steuerrechtlicher Mitunternehmer im Sinne des § 15 Abs. 1 Satz 1 Nr. 2 EStG. Die Einlage des atypisch stillen Gesellschafters stellt beim Unternehmen Eigenkapital im Sinne des Steuerrechts dar. Anders als bei der typisch stillen Gesellschaft bzw. den Genussrechten vermindern ausgeschüttete Gewinne an den atypisch stillen Gesellschafter das – der Einkommen- oder Körperschaftsteuer zu Grunde liegende – Ergebnis nicht, sondern stellen vielmehr eine Ergebnisverwendung des Geschäftsinhabers dar.

Die stille Gesellschaft als Mitunternehmerschaft ist selbst Steuerrechtssubjekt der einheitlichen und gesonderten Gewinnfeststellung gemäß §§ 179 Abs. 2 Satz 2, 180 Abs. 1 Nr. 2 lit. a AO. Das Betriebsfinanzamt des Geschäftsinhabers erteilt dabei einen Gewinnfeststellungsbescheid und stellt zugleich die Gewinnanteile der einzelnen (stillen) Gesellschafter (inklusive Geschäftsinhaber) fest. Dieser Feststellungsbescheid ist für alle Beteiligten Grundlagenbescheid für die einzelnen gegen sie ergehenden Folgebescheide (z. B. Einkommensteuerbescheid). Gegen diesen können dann aber nicht mehr die Einwände geltend gemacht werden, die sich auf jenen (den Gewinnfeststellungsbescheid) beziehen. In einem solchen Fall ist gemäß § 351 Abs. 2 AO der Grundlagenbescheid anzufechten.

Besteht die atypisch stille Beteiligung an einer Kapitalgesellschaft, so wird der Gewinn vor Körperschaftsteuer auf alle Mitunternehmer (d. h. auf die Kapitalgesellschaft und die einzelnen Mitunternehmer) aufgeteilt. Die Kapitalgesellschaft als juristische Person zahlt sodann auf ihren anteiligen

Gewinn gemäß Steuerbilanz Körperschaftsteuer, ein atypisch Stiller, der natürliche Person ist, auf seinen Gewinnanteil Einkommensteuer, so dass eine Doppelbesteuerung vermieden wird.

Steuerschuldner der Gewerbesteuer ist ausschließlich der Unternehmer. Auch bei der atypisch stillen Gesellschaft ist Steuerschuldner der Gewerbesteuer gemäß § 5 Abs. 1 Sätze 1 und 3 GewStG allein der Geschäftsinhaber. Dies bedeutet, dass die Gewerbesteuer auch auf die Gewinnanteile der Mitunternehmer auf Ebene der atypisch stillen Gesellschaft erhoben wird und nicht bei den Gesellschaftern.

Die Gewinnanteile der typisch stillen Gesellschafter, die bei der Gewinnermittlung des Geschäftsinhabers abgesetzt wurden, sind gemäß § 8 Nr. 3 GewStG für Zwecke der Gewerbesteuer dem Gewinn wieder hinzuzurechnen, wenn sie beim typisch stillen Gesellschafter nicht zur Steuer nach dem Gewerbesteuerertrag heranzuziehen sind.

- **Besteuerung beim Mitarbeiter**
- **Einkommensteuer**
(1) **Einkünfte aus Gewerbebetrieb**
Das Einkommensteuerrecht behandelt den atypisch stillen Gesellschafter wegen seiner vertraglich vereinbarten Bereitschaft zur Übernahme von unternehmerischen Risiken bzw. unternehmerischen Initiative als sog. Mitunternehmer. Deshalb bilden die Gewinn- und Verlustanteile bei ihm Einkünfte aus Gewerbebetrieb nach Maßgabe des § 15 Abs. 1 Nr. 2 Einkommensteuergesetz (EStG) und unterliegen der Einkommensbesteuerung. Besteuert wird der vom atypisch stillen Gesellschafter erzielte Gewinn und der während der Beteiligungsdauer eintretende Verlust. Maßgeblich ist das Jahr der Entstehung des Gewinns oder Verlustes ausgehend vom Jahresabschluss des beteiligenden Unternehmens. Gewinneinkünfte des atypisch stillen Gesellschafters sind zu versteuern. Dies gilt ebenso für Entnahmen, soweit diese zu einem negativen Kapitalkonto des stillen Gesellschafters führen (§ 15 a Abs. 3 Satz 1 EStG).

(2) **Halbeinkünfteverfahren**
Besonderheiten bei der Besteuerung der Gewinnanteile des atypisch stillen Gesellschafters ergeben sich, wenn das Unternehmen aus seiner Geschäftstätigkeit Einkünfte aus Kapitalvermögen im ursprünglichen Sinne erzielen sollte, z. B. dadurch, dass es Aktien oder GmbH-Anteile an einem anderen Unternehmen hält und hieraus Dividenden bezieht. Enthält der dem atypisch stillen Gesellschafter zugewiesene Gewinnanteil derartige Einkünfte aus Beteiligungen, unterliegen diese Anteile am Gewinn auf der Ebene des Anlegers der Besteuerung nach dem sog. Halbeinkünfteverfahren. Das bedeutet, dass die in dem Gewinnanteil enthaltenen Divi-

denden nur zur Hälfte ihres Wertes besteuert werden. Allerdings dürfen auch die Ausgaben, die mit diesen Einnahmen im Zusammenhang stehen, nur zur Hälfte als Werbungskosten abgezogen werden. Ebenfalls unter das Halbeinkünfteverfahren fallen die steuerbaren Erlöse aus der Veräußerung von Anteilen an Körperschaften (§§ 17 und 23 EStG) und Erlöse aus der Veräußerung von Anteilen im Betriebsvermögen. Auch hier werden die Veräußerungserlöse sowie die angefallenen Anschaffungskosten jeweils zur Hälfte angesetzt.

Zu beachten ist, dass Verluste aus den Veräußerungsgeschäften (§ 23 EStG) grundsätzlich nur mit Veräußerungsgewinnen des gleichen Veranlagungszeitraums verrechnet werden. Unter den besonderen Voraussetzungen des § 10 d EStG können sie auch die Einkünfte mindern, die der Steuerpflichtige in dem unmittelbar vorangegangenen Veranlagungszeitraum oder den folgenden Veranlagungszeiträumen aus den Geschäften des § 23 erzielt hat.

Bis zu einer Freigrenze von derzeit Euro 512,- entfällt eine Besteuerung der Gewinne (§ 23 EStG). Ist der Veräußerungsgewinn aus allen Veräußerungsgeschäften des Veranlagungszeitraums jedoch höher als die Freigrenze von Euro 512,-, ist er voll zu versteuern.

– **Besteuerungsverfahren**
Die einkommensteuerliche Ermittlung und Übernahme der Gewinne und Verluste an die stillen Gesellschafter erfolgt nach der AO in Form des sog. gesonderten und einheitlichen Feststellungsverfahrens.

– **Begrenzung der steuermindernden Verlustverrechnung**
Gegebenenfalls anfallende Verluste des Unternehmens sind nur bis zur jeweils jährlich eingezahlten Einlagenhöhe des beteiligten Mitarbeiters steuerlich berücksichtigungsfähig, so dass sich aus den Bestimmungen des § 15a EStG (Ausschluss steuermindernder Verlustverrechnung bei negativem Kapitalkonto) eine Begrenzung des steuerlich anerkennbaren Verlustpotenzials auf 100 % der Gesamteinlage (Nominaleinlage) ergibt.

– **Verlustverrechnung**
Die Möglichkeit der steuerlichen Geltendmachung von den atypisch stillen Gesellschaftern zugewiesenen Verlusten kann durch § 15b EStG beschränkt sein. Diese Vorschrift ist für Steuerstundungsmodelle einschlägig, bei denen die Summe der prognostizierten Verluste mehr als 10 % des nach dem Konzept aufzubringenden Kapitals beträgt.

In diesem Fall ist eine Verrechnung der Verluste mit Einkünften aus anderen Einkunftsarten nicht möglich. Verluste können nur mit späteren Gewinnen aus derselben Vermögensanlage verrechnet werden.

– **Besteuerung des Aufgabe- bzw. Veräußerungsgewinns**
Beendet der Mitarbeiter seine atypisch stille Beteiligung durch Kündigung oder scheidet er durch Veräußerung seiner Beteiligung aus, wird der Aufgabe- bzw. Veräußerungsgewinn auf unwiderruflichen Antrag als außerordentliche Einkünfte nach §§ 16, 34 Abs. 1 EStG folgendermaßen besteuert:

Zunächst wird die Einkommensteuer für das zu versteuernde Einkommen ohne den Aufgabegewinn ermittelt und anschließend die Einkommensteuer für das Einkommen zzgl. eines Fünftels des Aufgabegewinns. Zur Bestimmung der Einkommensteuer auf den Aufgabegewinn muss nun die Differenz aus den beiden vorstehenden Beträgen mit fünf multipiliziert werden.

Der steuerpflichtige Aufgabegewinn ist die Differenz zwischen dem Anschaffungspreis und dem Auseinandersetzungswert (abzgl. der bereits versteuerten Gewinnanteile) der Beteiligung. Ein bei Beteiligungsende oder im Insolvenzfall durch Verluste und Entnahmen eventuell entstehender oder verbleibender Minussaldo des Kapitalkontos ist ebenfalls als Aufgabegewinn zu behandeln. Jedoch wirkt in bestimmten Fällen die Freibetragsregelung in § 16 Abs. 4 EStG steuermindernd. Dies gilt auch bei der Beteiligungsveräußerung an Dritte. Denn als Aufgabe durch Kündigung einer atypisch stillen Beteiligung gilt auch deren Veräußerung.

Der Aufgabegewinn wird nach § 16 Abs. 4 EStG bei Personen, die das 55. Lebensjahr vollendet haben oder im sozialversicherungsrechtlichen Sinne dauernd berufsunfähig sind, auf Antrag nur zur Einkommensteuer herangezogen, soweit er den Betrag von Euro 45.000,– übersteigt. Der Freibetrag ist jedem Steuerpflichtigen nur einmal zu gewähren. Er ermäßigt sich um den Betrag, um den der Aufgabegewinn Euro 136.000,– übersteigt. Alternativ kann der Steuerpflichtige, der das 55. Lebensjahr vollendet hat oder im sozialversicherungsrechtlichen Sinne dauernd berufsunfähig ist, auf Antrag einmal im Leben einen ermäßigten Steuersatz für diese Gewinne in Höhe von 56 % des durchschnittlichen Steuersatzes in Anspruch nehmen. In diesem Fall muss jedoch mindestens der jeweils gültige Eingangssteuersatz gezahlt werden. Der ermäßigte Steuersatz gilt nur für Gewinne bis zu Euro 5 Mio.

- Gewerbesteuer

Schuldner der Gewerbesteuer ist allein der Geschäftsinhaber. Der atypisch stille Gesellschafter haftet nicht für die Gewerbesteuer des Unternehmers (§ 230 Abs. 2 HGB).

Der Gewinn des atypisch stillen Gesellschafters ist durch die vom Unternehmen abzuführende Gewerbesteuer gemindert. Um diese Belastung zu neutralisieren, ermäßigt sich die zu zahlende Einkommensteuer gemäß § 35 Abs. 1 Nr. 2 EStG pauschal um das 1,8fache des jeweils für den Erhebungszeitraum festgesetzten anteiligen Gewerbesteuer-Messbetrages.

- Erbschaft- und Schenkungsteuer

Der Erwerb einer atypisch stillen Beteiligung von Todes wegen bzw. deren Schenkung unter Lebenden unterliegt der Erbschaft- und Schenkungsteuer. Es wird zunächst auf die obigen Ausführungen im Rahmen der Aktienbeteiligung verwiesen, da gesonderte Ausführungen nicht erforderlich sind. Darüber hinaus stellt die atypisch stille Beteiligung steuerliches Betriebsvermögen dar, für welches neben den allgemeinen Freibeträgen ein besonderer Freibetrag in Höhe von maximal Euro 225.000,– gilt. Das nach Abzug des Freibetrages verbleibende Betriebsvermögen wird nur mit 65 % zur Steuer veranlagt. Dieser Bewertungsabschlag wird auch dann vorgenommen, wenn der Freibetrag nicht in Anspruch genommen wird.

3. Besteuerung der Fremdkapitalbeteiligung – Mitarbeiterdarlehen

Bei dem Mitarbeiterdarlehen als Form der Mitarbeiterkapitalbeteiligung handelt es sich um Fremdkapital. Die vom Unternehmer an die Mitarbeiter gezahlten Zinsen stellen für das Unternehmen Betriebsausgaben dar.

Ob eine Kapitalertragsteuer abzuführen ist, hängt von der Ausgestaltung der Verzinsung des Darlehens ab. Bei einem Darlehen mit festem Zinssatz erfolgt die Zahlung der Zinsen ohne einen Abzug von Kapitalertragsteuer; anders bei einem Darlehen mit erfolgsabhängigem Zinssatz (partiarischen Darlehen). Die vom Unternehmen an den Mitarbeiter gezahlten Zinsen unterliegen als Einkünfte aus Kapitalvermögen (§ 20 Abs. 1 Nr. 4 EStG) der Einkommensteuer. Nach § 43 Abs. 1 Nr. 3, 43a Abs. 1 Nr. 2 EStG ist eine Kapitalertragsteuer in Höhe von 25 % zzgl. Solidaritätszuschlag von 5,5 % abzuführen.

Bezüglich der Gewerbesteuer erfolgt bei der Ermittlung des Gewerbeertrages eine hälftige Zurechnung der gezahlten Zinsen.

Bei den Mitarbeitern gehören die Zinsen zu den Einkünften aus Kapitalvermögen. Eine steuerliche Belastung ergibt sich jedoch nur, wenn sie zusammen mit anderen Einnahmen aus Kapitalvermögen über den Werbungskosten und dem Sparerfreibetrag liegen.

4. Unternehmensteuerreform 2008

Der Deutsche Bundestag hat am 25. Mai 2007, der Bundesrat am 06. Juli 2007 das Unternehmensteuerreformgesetz verabschiedet. Es tritt am 01. Januar 2008 in Kraft und führt zu weit reichenden Änderungen für Unternehmer und Unternehmen sowie Anleger. An dieser Stelle soll daher eine kurze Darstellung erfolgen, inwieweit sich die Besteuerung bei Unternehmen und Mitarbeitern im Rahmen der jeweiligen Mitarbeiterbeteiligungsmodelle verändert.

4.1 Besteuerung der Eigenkapitalbeteiligungsmodelle
4.1.1 Unternehmensebene

Die erwirtschafteten Gewinne der GmbH bzw. der AG als Kapitalgesellschaft unterliegen weiterhin der Körperschaftsteuer zzgl. Solidaritätszuschlag und zugleich der Gewerbesteuer. Allerdings sinkt der Körperschaftsteuersatz von 25 % auf 15 % zuzüglich Solidaritätszuschlag von 5,5 % auf die Körperschaftsteuer, mithin auf 15,825 %. Nach den Regelungen der Unternehmensteuerreform entfällt die Abzugsfähigkeit der Gewerbesteuer als Betriebsausgabe. Um die dadurch entstandene Erhöhung der Bemessungsgrundlage für die Gewerbesteuer auszugleichen, wird für alle Gewerbebetriebe die Gewerbesteuermesszahl von derzeit 5 % auf 3,5 % verringert.

4.1.2 Mitarbeiterebene

Werden durch die GmbH und AG Gewinnanteile an den beteiligten Mitarbeiter als GmbH-Gesellschafter bzw. Aktionär ausgeschüttet, so unterliegen diese ab 01. Januar 2009 vollständig der Abgeltungsteuer mit einem Steuersatz von 25 % zuzüglich Solidaritätszuschlag. Dasselbe gilt für Veräußerungsgewinne, wobei die Spekulationsfrist von einem Jahr entfällt. Das Halbeinkünfteverfahren für Gewinnausschüttungen und Veräußerungsgewinne fällt weg. Die einbehaltene Steuer hat grundsätzlich Abgeltungswirkung und befreit den Steuerpflichtigen somit von der Veranlagung der Kapitaleinkünfte. Führt die Pauschalbesteuerung der Kapitaleinkünfte gegenüber der Besteuerung mit dem persönlichen Steuersatz zu einer höheren Steuerbelastung, so kann der Mitarbeiter die Besteuerung im Rahmen der Einkommensteuer wählen. Im Rahmen der Abgeltungsteuer ist der Abzug der tatsächlichen Werbungskosten ausgeschlossen. Der bisherige Sparer-Freibetrag und Werbungskosten-

Pauschbetrag werden durch den neuen Sparer-Pauschbetrag in Höhe von Euro 801,– bei Einzelveranlagung und Euro 1.602,– bei Zusammenveranlagung ersetzt.

4.2 Besteuerung der Mezzanine-Beteiligungsmodelle
4.2.1 Unternehmensebene
Bis auf die Veränderungen des Körperschaftsteuersatzes sieht das Unternehmensteuerreformgesetz keine weiteren Veränderungen vor, so dass die obigen Ausführungen weiter Bestand haben.

4.2.2 Mitarbeiterebene
Schüttet das Unternehmen an die beteiligten Mitarbeiter als Genussrechtsinhaber Dividenden aus bzw. werden Gewinnanteile an den beteiligten Mitarbeiter als typisch stiller Beteiligter ausgeschüttet, so unterliegen diese Einnahmen weiterhin den Einkünften aus Kapitalvermögen (§ 20 Abs. 1 Nr. 7 EStG). Ab dem 01. Januar 2007 unterliegen sie jedoch ebenfalls der Abgeltungsteuer, so dass auf die obigen Ausführungen, auch hinsichtlich der Veräußerungsgewinne, verwiesen werden kann.

4.3 Besteuerung der Fremdkapitalbeteiligung – Mitarbeiterdarlehen
Da es sich bei einem Mitarbeiterdarlehen um Fremdkapital handelt, unterliegt dieses ab dem 01. Januar 2008 der so genannten Zinsschranke. Danach können Unternehmen Zinsaufwendungen unbeschränkt mit Zinserträgen verrechnen. Der gegebenenfalls verbleibende negative Saldo ist dann nur bis zu 30 % des steuerlichen EBIDTA (earn before interest, taxes and depreciation and amortization = Gewinn vor Zinsen, Steuern und Abschreibungen) als Betriebsausgabe abzugsfähig. Die Zinsschrankenregelung greift allerdings nicht ein, wenn der negative Zinssaldo kleiner als Euro 1 Mio. ist, so dass zumindest viele Mittelständler nicht betroffen sind. Darüber hinaus ist sie nicht anzuwenden, wenn der finanzierte Betrieb nicht zu einem Konzern gehört.

Handelt es sich um ein partiarisches Darlehen, so hat der Mitarbeiter auf die erhaltenen Zinsen ab dem 01. Januar 2009 die Abgeltungsteuer abzuführen, so dass ebenfalls auf die obigen Ausführungen verwiesen wird.

II. Steuerrechtliche Behandlung der Erfolgsbeteiligung

1. Allgemein

Die Erfolgsbeteiligung stellt lediglich einen Bestandteil des Lohns bzw. Gehaltes dar, weshalb der Arbeitnehmer Lohnsteuer darauf zu entrichten hat.

Löhne und soziale Leistungen sind unbestritten Betriebsausgaben, auch wenn die Gewährung an die Mitarbeiter freiwillig erfolgt. Da es sich bei den Erfolgsbeteiligungen um freiwillige Löhne handelt, sind sie bei dem gewährenden Unternehmen als Betriebsausgaben abzugsfähig (§ 4 Abs. 4 EStG) und mindern folglich den steuerpflichtigen Gewinn des Unternehmens.

2. Aktienoptionen

Bislang sind im Einkommensteuergesetz keine Regelungen für die Besteuerung von Aktienoptionen vorhanden.

Allgemein anerkannt ist jedoch, dass der aus der Gewährung der Aktienoption zufließende Vorteil für die Besteuerung Arbeitslohn darstellt. Somit unterliegt der Vorteil aus der Aktienoption der Lohnsteuer. Eine Zeit lang war streitig, zu welchem Zeitpunkt die Besteuerung erfolgt. Grundsätzlich ist Arbeitslohn bei Zufluss der Vergütung bzw. des gewährten Vorteils zu besteuern (§ 38 Abs. 2 Satz 2 iVm. § 11 EStG). Ein Zufluss der Einnahmen wird allgemein zu dem Zeitpunkt angenommen, zu dem der Arbeitnehmer die wirtschaftliche Verfügungsmacht erhält. In der Regel geht man von der Erlangung der Verfügungsmacht in dem Zeitpunkt aus, in welchem der Leistungserfolg eintritt oder der Arbeitnehmer die Möglichkeit hat, den Leistungserfolg herbeizuführen.

Nach den Urteilen des BFH vom 23. Juli 1999, 24. Januar 2001 und 20. Juni 2006 steht zum jetzigen Zeitpunkt fest, dass der Vorteil aus der Gewährung der Aktienoptionen im Zeitpunkt der Optionsausübung, also im Zeitpunkt des tatsächlichen Bezugs der Aktien durch den Mitarbeiter, zu besteuern ist. Denn die bloße Zusage des Arbeitgebers, dem Mitarbeiter künftig eine Leistung erbringen zu wollen, stellt regelmäßig noch keinen Zufluss eines geldwerten Vorteils dar. Erst bei der Erfüllung des Anspruchs des Mitarbeiters auf Übertragung der Aktien durch Ausübung der Bezugsoption fließt dem Mitarbeiter ein Vorteil zu.

III. Besteuerung der Investivkapitalbeteiligung

Die Investivkapitalbeteiligung zeichnet sich dadurch aus, dass der Mittelzufluss beim Arbeitnehmer auf einen späteren Zeitpunkt verlagert wird. Es werden Teile des auszuzahlenden Gehaltes bzw. Lohnes oder sonstige Zuwendungen (Weihnachtsgeld, Gratifikationen) einbehalten und auf einem so genannten Beteiligungskonto gutgeschrieben, über welches der Arbeitnehmer einen gewissen Zeitraum lang nicht verfügen kann. Die jeweiligen Gutschriften werden nicht sofort, sondern erst zum tatsächlichen Auszahlungszeitpunkt besteuert, in welchem der Arbeitnehmer möglicherweise einem geringeren Steuersatz z. B. als Rentner unterliegt.

IV. Sozialversicherungsrechtliche Behandlung

1. Erfolgsbeteiligung

Da es sich bei der Erfolgsbeteiligung um Bestandteile des Lohns bzw. Gehalts handelt, sind auf die gewährten Anteile die sozialversicherungsrechtlichen Abgaben zu leisten.

2. Kapitalbeteiligung

Bei den Modellen der Kapitalbeteiligung erzielt der Mitarbeiter keine Einkünfte aus nichtselbstständiger Arbeit, sondern aus Kapitalvermögen, so dass auf die ausgeschütteten Gewinnanteile keine sozialversicherungsrechtlichen Abgaben zu leisten sind.

3. Investivkapitalbeteiligung

Bei der Investivkapitalbeteiligung handelt es sich um Bestandteile des Lohns bzw. Gehalts, so dass sozialversicherungsrechtliche Abgaben zu leisten sind. Die Sozialversicherungsbeiträge werden jedoch erst zum Zeitpunkt der Auszahlung fällig, da sich die Sozialversicherungsträger hinsichtlich des Zuflusses der Entgeltbestandteile an die steuerliche Behandlung anlehnen.

F. Allgemeine Akzeptanz und Verbreitung der Mitarbeiterbeteiligung

Nachdem in den vorangegangenen Abschnitten auf die vielfältigen Ausgestaltungsformen der Mitarbeiterbeteiligung, deren staatliche Förderungsmöglichkeiten und steuerliche Behandlungen ausführlich eingegangen worden ist, soll in diesem Kapitel ein Überblick über die derzeitige Situation der finanziellen Beteiligung von Mitarbeitern in der Praxis aufgezeigt werden. Dabei wird zunächst auf die internationale Verbreitung von Mitarbeiterbeteiligungsmodellen eingegangen und im nächsten Schritt auf die Verbreitung in Deutschland selbst. Es wird lediglich auf Modelle der Kapitalbeteiligung eingegangen, da über die Verbreitung der Erfolgsbeteiligung als alleinige Form der Mitarbeiterbeteiligung keine Statistiken bzw. Studien vorliegen. Die Erfolgsbeteiligung wird zumeist als Mittelaufbringung für eine Kapitalbeteiligung der Mitarbeiter genutzt.

I. Internationaler Vergleich

Die Europäische Kommission setzt sich seit Beginn der neunziger Jahre für die Förderung von finanziellen Mitarbeiterbeteiligungen in den Mitgliedsstaaten der Europäischen Union ein. Trotz der großen Bemühungen ist die bisherige Resonanz auf Empfehlungen und die Intensität der Umsetzungen in den Mitgliedsstaaten unterschiedlich ausgefallen. Ursachen sind vorrangig institutionelle Unterschiede sowie unterschiedliche politische Ansätze, die für eine Umsetzung der Empfehlungen der Europäischen Kommission gewählt worden sind.

Momentan sind aktuelle Informationen über die Verbreitung von Mitarbeiterkapitalbeteiligungen, welche die ganze Breite der Beteiligungsformen berücksichtigen, im internationalen Vergleich auf Grund unterschiedlicher Formen und fehlender Statistiken nicht vorhanden. Die hier verwendeten Studien EPOC und Carnet untersuchten die Verbreitung der Gewinn- und Kapitalbeteiligung in den Ländern der EU. Die Kapitalbeteiligung wurde jedoch auf die Aktienbeteiligung beschränkt, da diese

Form der finanziellen Beteiligung von Mitarbeitern international vergleichbar ist. Nach dem Ergebnis beider Studien wird deutlich, dass Deutschland im Vergleich zu anderen Ländern lediglich im Mittelfeld liegt.

Im Jahr 1996 wurde von der europäischen Stiftung zur Verbesserung der Lebens- und Arbeitsbedingungen die so genannte EPOC-Studie durchgeführt. Gegenstand der Studie war zur untersuchen, wie viele Betriebe in den zehn an der Studie beteiligten Länder eine Gewinn- bzw. Kapitalbeteiligung praktizieren. Demnach hat fast jeder vierte Betrieb in diesen Ländern eine Gewinnbeteiligung (23 %) und fast jeder zehnte eine Kapitalbeteiligung (9 %). Vier Prozent der europäischen Unternehmen beteiligen ihre Mitarbeiter am Gewinn und zugleich am Kapital. Der ermittelte Anteil für deutsche Unternehmen mit Gewinnbeteiligung lag mit 13 % etwa zehn Prozentpunkte unter dem Durchschnittswert. Unterdurchschnittlich verbreitet ist auch die Kapitalbeteiligung in deutschen Unternehmen. Hier liegt Deutschland mit 4 % etwa fünf Prozent unter dem EU-Durchschnitt. Dem Ergebnis der EPOC-Studie zufolge steht Deutschland an fünfter Stelle hinter Frankreich (57 %/7 %), Großbritannien (40 %/23 %), Schweden (20 %/2 %), Spanien (8 %/10 %) sowie den Niederlanden (13 %/3 %).

Abb. 22: EPOC-Studie internationale Verbreitung der Mitarbeiterbeteiligung

Betriebe mit einer finanziellen Beteiligung im EU-Vergleich EPOC

Land	Gewinn-beteiligung %	Aktien-beteiligung %	Total %
Frankreich	57	7	58
Niederlande	13	3	16
Großbritannien	40	23	51
Irland	8	4	11
Schweden	20	2	21
Deutschland	13	4	16
Dänemark	10	6	15
Spanien	8	10	16
Portugal	6	3	9
Italien	4	3	6

EPOC Studie: Betriebe mit > 20 Mitarbeitern (> 50 in Deutschland, Frankreich, Großbritannien, Italien und Spanien)

Quelle: EPOC Research Group (1997)

Eine weitere Studie aus den Jahren 1999/2000 namens CARNET-Survey untersuchte die Verbreitung von Gewinn- und Kapitalbeteiligungen in 14 verschiedenen EU-Ländern. Danach hat fast jedes sechstes Unternehmen in diesen Ländern eine Form von Kapitalbeteiligung (16 %). Diese Studie veranschaulicht, dass die Kapitalbeteiligung von Mitarbeitern in Deutschland mit 10 % keineswegs weit verbreitet ist und gegenüber den weiteren untersuchten Ländern ein erheblicher Nachholbedarf besteht. Führende EU-Länder sind demnach wieder Großbritannien (30 %), Frankreich (23 %), die Niederlande (21 %), Irland (16 %), Dänemark und Finnland (jeweils 15 %), Schweden (12 %) sowie Belgien (11 %).

Abb. 23: CARNET-Studie internationale Verbreitung der Mitarbeiterbeteiligung

Betriebe mit einer finanziellen Beteiligung im internationalen Vergleich – Carnet-Studie

Land	Gewinn-beteiligung	Aktien-beteiligung	Total
Frankreich	82	20	84
Niederlande	56	22	60
Großbritannien	30	30	48
Finnland	28	15	38
Irland	23	15	36
Schweden	19	13	28
Österreich	28	3	28
Deutschland	19	10	25
Dänemark	8	15	21
Belgien	10	11	20
Spanien	13	6	18
Portugal	17	2	18
Griechenland	7	7	14
Italien	7	2	9

Carnet-Studie: % der Betriebe, wobei nur Betriebe mit > 200 Mitarbeitern und in denen mindestens 50 % der Belegschaft beteiligt sind, berücksichtigt wurden.
Die Definition eines Betriebes wurde im Carnet-Survey den Befragten überlassen.

Quelle: Pendleton et al. (2001)

Landestypische Kapitalmarktstrukturen, Größenstruktur der Unternehmen, Einfluss der Tarifpartner und staatliche Förderung sind die wichtigsten Faktoren für die unterschiedliche Verbreitung der finanziellen Beteiligung von Mitarbeitern.

Eine Vielzahl von europäischen Gewerkschaften steht einer Gewinn- bzw. Kapitalbeteiligung von Mitarbeitern am arbeitgebenden Unternehmen mit großer Skepsis gegenüber. Grund ist, dass die jährlichen Ausschüttungen auf Ebene des Unternehmens bestimmt werden und nicht in Tarifverträgen verhandelbar sind. Darüber hinaus fehle es an einer optimalen Risikostreuung, so dass die Vermögensbeteiligung des Arbeitnehmers allein von der Solvenz des arbeitgebenden Unternehmens abhängt. Insbesondere in Deutschland, Spanien und Italien sind die Gewerkschaften gegenüber Mitarbeiterkapitalbeteiligungen negativ eingestellt. Zwar besteht diese Haltung auch in den beiden führenden Ländern der finanziellen Beteiligung von Mitarbeitern, Frankreich und Großbritannien. Doch spielen die Gewerkschaften in jenen Ländern bei den Lohnverhandlungen heute nur noch eine untergeordnete Rolle, in Großbritannien auf Grund der Entmachtung während der Ära der Premierministerin Thatcher und in Frankreich auf Grund des geringeren Organisationsgrades (gerade 8 % der Erwerbstätigen sind in Gewerkschaften organisiert). Darüber hinaus setzen sich die Regierungen der beiden Länder aktiv für eine stärkere finanzielle Beteiligung ein. So ist in Frankreich die Einführung von Gewinnbeteiligungen in Unternehmen mit mehr als 50 Beschäftigten seit 1993 verpflichtend. Als Ausgleich erhalten Unternehmen und Arbeitnehmer steuerliche Vergünstigungen. Nach Ablauf einer Sperrzeit sind Gewinn- und Aktienbeteiligungen bis zu 50 % von der Einkommensteuer und zum Teil von Sozialabgaben befreit. In Großbritannien unterliegen zwar alle Kapital- und Gewinnbeteiligungen der Einkommensteuer, jedoch gelten hier relativ hohe Freibeträge. Eine positive Einstellung der Gewerkschaften existiert auch in Finnland, Irland und Italien, was sich in der Gesetzgebung und einer vermehrten Umsetzung in den Unternehmen stetig niederschlägt.

Die untenstehende Tabelle zeigt einen zusammenfassenden Überblick der steuerlichen Vergünstigungen im internationalen Vergleich, woraus zugleich nochmals ersichtlich wird, welchen Einfluss steuerliche Vergünstigungen auf die Anzahl der Unternehmen mit einer finanziellen Beteiligung von Mitarbeitern haben.

Abb. 24: Steuerliche Vergünstigungen im internationalen Vergleich

Land	Finanzielle Beteiligung %	Gesetzesänderungen Jahr	Steuerliche Vergünstigungen
Frankreich[1]	84	1959/67/93	Nach 5(3)-jähriger Sperrfrist sind Gewinn- und Aktienbeteiligungen von der Einkommensteuer (zu 50 %) und z. T. von Sozialabgaben befreit.
Niederlande[1]	60	1994/96	Gewinn- und Aktienbeteiligungen (Letztere mit 4-jähriger Sperrfrist und nur bis zu einem Höchstbetrag) werden mit geringerem Einkommensteuersatz belastet.
Großbritannien[1]	48	1978-96	Alle finanziellen Beteiligungen unterliegen der Kapital- bzw. Einkommensteuer, es gelten aber relativ hohe Freibeträge.
Finnland[1]	38	1990	Steuerliche Vorteile für Gewinnbeteiligungen mit einer Sperrfrist.
Irland[1]	36	1982-95	Aktienbasierende Gewinnbeteiligungen sind nach 5-jähriger Sperrfrist bis zu einem relativ hohen Freibetrag einkommensteuerfrei.
Schweden[1]	28	–	Geringe steuerliche Vorteile für Gewinnbeteiligungen mit einer Sperrfrist.
Österreich[3]	28	1974/94	Keine Vorteile für Gewinnbeteiligungen. Abschläge bei Aktienbeteiligungen sind bis zu einem Höchstbetrag einkommensteuerfrei.
Deutschland[1]	25	1961/84	Keine Vorteile für Gewinnbeteiligungen. Staatliche Förderung der Vermögensbildung. Kapitalbeteiligungen mit 6-jähriger Sperrfrist sind begrenzt einkommensteuer- und sozialabgabenfrei.
Dänemark[3]	21	1958	Kapitalbeteiligungen mit Ausnahme von Schuldverschreibungen sind nicht steuerlich begünstigt, Gewinnbeteiligungen begrenzt.
Belgien[2]	20	1997/99	Abschläge bei Aktienbeteiligungen sind bei 5-jähriger Sperrfrist einkommensteuer- und sozialabgabenfrei.

Abb. 24: Steuerliche Vergünstigungen im internationalen Vergleich (Fortsetzung)

Spanien[1]	18	1994-96	Keine Vorteile für Gewinnbeteiligungen. Aktienbeteiligungen mit 3-jähriger Sperrfrist sind bis zu einem Höchstbetrag einkommensteuerfrei.
Portugal[1]	18	1989	Aktien- und Gewinnbeteiligungen sind von Sozialabgaben befreit.
Griechenland[1,2]	14	1987/94	Substanzielle steuerliche Vorteile.
Italien[3]	9	1991	Abschläge bei Aktienbeteiligungen sind kapitalsteuerpflichtig (12,5 %), welche unterhalb der Einkommensteuer liegen. Sonst keine Vorteile.
USA[1]	–	1984	Keine Vorteile für Gewinnbeteiligungen. Kleine Firmen sind von der Kapitalertragsteuer befreit, größere Firmen steuerlich begünstigt, wenn 30 % des Eigenkapitals von der Belegschaft gehalten wird.
Kanada[3]	–	1990	Arbeitgeberbeiträge zu Beteiligungsfonds sind in begrenzter Höhe abzugsfähig. Sonst keine Vorteile.
Japan[4]	–	–	Keine Vorteile für Aktienbeteiligungen. Gewinnbeteiligungen (nicht variabel) sind steuerlich begünstigt.

Carnet-Studie: % der Betriebe, wobei nur Betriebe mit > 200 Mitarbeitern und in denen mindestens 50 % der Belegschaft beteiligt sind, berücksichtigt wurden. Die Definition eines Betriebes wurde im Carnet-Survey den Befragten überlassen.

Quelle: 1) EPOC Research Group (1997)
2) Pendleton et al. (2001)
3) Thode et al. (2001)
4) Jones und Takao (1995) ; OECD (1995).

II. Deutschland

Die Mitarbeiterbeteiligung in Deutschland hat bei weitem noch nicht den Stellenwert wie in Großbritannien, Frankreich oder auch den USA erreicht. Lange Zeit bestanden Unklarheiten über die Anzahl und Verbreitung von Mitarbeiterbeteiligungen in Deutschland. Während bislang Quellen der amtlichen Statistik noch immer keine Informationen über das Ausmaß und die Struktur der materiellen Mitarbeiterbeteiligung in deutschen Unternehmen liefern, erlauben verschiedene empirische Untersuchungen repräsentative Aussagen über die Verbreitung.

Bereits im Jahr 1998 stellte das IAB-Betriebspanel faktische Zahlen über die Verbreitung der Mitarbeiterbeteiligung zur Verfügung. Grundlage der Untersuchung waren Angaben von 9.194 Unternehmen, davon 4.289 in den alten und 4.905 in den neuen Bundesländern. Demnach verfügten zu diesem Zeitpunkt 5 % aller Unternehmen über ein Beteiligungsmodell. Aufgeteilt auf West- und Ostdeutschland wurde nach Hochrechnungen

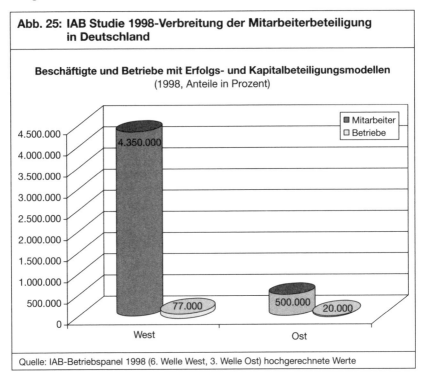

Abb. 25: IAB Studie 1998-Verbreitung der Mitarbeiterbeteiligung in Deutschland

Quelle: IAB-Betriebspanel 1998 (6. Welle West, 3. Welle Ost) hochgerechnete Werte

im westlichen Teil der Bestand auf 77.000 Unternehmen mit insgesamt 4,35 Mio. Arbeitnehmern und in Ostdeutschland auf 20.000 Unternehmen mit insgesamt 500.000 Beschäftigten geschätzt.

Auf Basis der Daten des IAB-Betriebspanels wurde in den Jahren 2001 bis 2005 untersucht, wie sich die Mitarbeiterbeteiligung in Deutschland entwickelt hat. Danach werden derzeit von 9 % der Unternehmen Gewinnbeteiligungen und von 2 % der Unternehmen Kapitalbeteiligungen angeboten. Wesentliche Einflussgrößen auf die Verbreitung von finanziellen Beteiligungen sind nach den erfolgten Untersuchungen die Betriebsgröße, Branche und Ertragslage.

Abb. 26: IAB-Studie 2005 – Verbreitung der Mitarbeiterbeteiligung in Deutschland

Betriebe mit Gewinn- und Kapitalbeteiligung in Deutschland 2005
– alle Betriebe, nach Betriebsgröße und Branche –

	Gewinnbeteiligung			Kapitalbeteiligung		
	Gesamt	West	Ost	Gesamt	West	Ost
	Anteile in %					
Betriebsgröße						
1 bis 49 Beschäftigte	8	8	8	2	2	1
50 bis 249 Beschäftigte	23	24	20	3	3	3
250 bis 499 Beschäftigte	28	30	22	4	5	
500 Beschäftigte und mehr	34	36	21	7	8	
Branche						
Land- und Forstwirtschaft	6		11	2		
Bergbau, Energie- und Wasserversorgung	25	28				
Verarbeitendes Gewerbe	10	10	10	2	2	1
Verbrauchsgüterindustrie	6	6	7	2	2	
Grundstoffverarbeitung	13	14	10	3	3	
Investitionsgüterindustrie	12	12	12	2	2	
Baugewerbe	5	5	3	3	3	
Handel und Reparatur	11	12	9	2	2	1
Verkehr und Nachrichtenübermittlung	10	10	12	1	1	
Kredit- und Versicherungsgewerbe	26	23		3	2	
Dienstleistungen überwiegend für Unternehmen	13	13	10	2	2	
Sonstige Dienstleistungen	5	4	5	1	1	
Gesamt	**9**	**9**	**8**	**2**	**2**	**1**

Quelle: IAB-Betriebspanel 2005 (13. Welle West, 10. Welle Ost)

Die Studie macht deutlich, dass große Unternehmen ab 500 Beschäftigte häufiger Systeme der Gewinn- und Kapitalbeteiligung nutzen. Während gerade 8 % der Unternehmen mit weniger als 50 Beschäftigten Gewinnbeteiligungsmodelle bzw. 2 % dieser Unternehmen Kapitalbeteiligungsmodelle anbieten, beteiligt jedes dritte Großunternehmen mit 500 und mehr Beschäftigten seine Mitarbeiter bzw. einen Teil seiner Mitarbeiter am Gewinn.

Darüber hinaus werden auch deutliche Unterschiede zwischen den Branchen sichtbar. Am häufigsten sind Gewinnbeteiligungen in den Bereichen der Kredit- und Versicherungswirtschaft sowie Bergbau, Energie- und Wasserversorgung zu finden. Bei der Verbreitung der Kapitalbeteiligung lassen sich keine gravierenden Unterschiede zwischen den Branchen feststellen.

Bei seinen Untersuchungen stellte das IAB zudem fest, dass es wahrscheinlicher ist, dass ein Unternehmen ein Beteiligungsmodell anbietet, je besser es seine Ertragslage einschätzt. Umgekehrt gaben aber auch einige Befragte an, dass bei ihnen mit Hilfe von Beteiligungssystemen eine Sanierung und Umstrukturierung vorgenommen werden konnte.

Aufschlussreich sind auch die jährlich herausgegebenen Zahlen der AGP in Zusammenarbeit mit der GIZ GmbH über die Anzahl der Beteiligungsunternehmen, der beteiligten Mitarbeiter und das Mitarbeiterkapital, unterteilt in die verschiedenen Modelle der Kapitalbeteiligung. Während es im Jahr 1998 noch 2.700 Unternehmen waren, die ein Kapitalbeteiligungsmodell für ihre Mitarbeiter durchführten, waren es 2004 bereits 3.300 und heute 3.750 Unternehmen. Auch wenn die Anzahl der Unternehmen mit einer Mitarbeiterkapitalbeteiligung nach diesen Untersuchungen stetig steigt, so sind es doch gerade mal 0,1 % aller deutschen Unternehmen.

Abb. 27: GIZ-Studie – Verbreitung der Mitarbeiterbeteiligung in Deutschland

Beteiligungsform	Unternehmen		Mitarbeiter		Kapital	
	absolut	%	absolut	%	in Mio €	%
Darlehen	580	15,47	113.000	5,49	450	3,46
stille Beteiligung	1.040	27,73	269.000	13,06	1.345	10,35
Indirekte Beteiligung	490	13,07	97.000	4,71	475	3,65
Genussrecht	430	11,47	1.333.000	6,46	1.070	8,23
Belegschaftsaktie	620	16,53	1.423.000	69,08	9.500	73,08
Genossenschaft	340	9,07	17.000	0,83	40	0,31
GmbH-Beteiligung	250	6,67	8.000	0,39	120	0,92
Gesamt	**3.750**	**100,00**	**2.060.000**	**100,00**	**13.000**	**100,00**

Quelle: Arbeitsgemeinschaft für Partnerschaft in der Wirtschaft e.V. – AGP, Stand 01. 01. 2007

Beachtlich ist, dass 38 % der Unternehmen stille Beteiligungen und Genussrechte als Mitarbeiterbeteiligungsmodelle erfolgreich anbieten. Die Ursachen hierfür liegen auf der Hand. So sind diese Beteiligungsformen im Grunde ohne große Reglementierung frei gestaltbar und können ohne großen Aufwand oder hohe Kosten schnell umgesetzt werden. Zudem werden sie durch das 5. VermBG und den § 19a EStG staatlich gefördert. Darüber hinaus können sie bei entsprechender Ausgestaltung gleichzeitig die Eigenkapitalausstattung des Unternehmens und somit die Finanzierungskraft verbessern.

III. Fazit

In den Jahren 2001 bis 2005 hat sich die Verbreitung von Gewinn- und Kapitalbeteiligungssystemen in Deutschland kaum verändert. Hier liegen ungenutzte Potenziale. Durch eine Gewinn- und Kapitalbeteiligung schaffen die Unternehmen eine erhöhte Motivation für mehr Leistung, engere Bindung und somit geringere Fluktuation qualifizierter Fachkräfte. Auf der anderen Seite ist es ihnen möglich, ihre Kapitalausstattung zu verbessern.

G. Handlungsempfehlungen zur Durchführung einer Mitarbeiterbeteiligung

Eine Mitarbeiterkapitalbeteiligung kann grundsätzlich für jedes Unternehmen ein Mittel sein, finanzwirtschaftliche, personalwirtschaftliche Ziele oder sonstige Zielsetzungen zu erreichen. Der Erfolg eines solchen Beteiligungsprogramms ist im Wesentlichen von einer systematischen und planvollen Vorgehensweise bei der Gestaltung, Einführung und Durchführung abhängig. Zwar existieren in Deutschland zahlreiche Mitarbeiterbeteiligungsmodelle in verschiedenen Ausgestaltungen, doch eine allgemeingültige Lösung gibt es nicht. Es bedarf einer sorgfältigen Vorbereitung, um die angestrebten Wirkungen tatsächlich zu erreichen. In den nachfolgenden Abschnitten wird zunächst auf einige allgemeine Grundsätze eingegangen, die für die Einführung und Durchführung von Mitarbeiterbeteiligungsprogrammen stets beachtet werden sollten, um dann im Folgenden detaillierter auf Vorbereitungs- und Realisierungsphase einzugehen.

I. Allgemeine Grundsätze

Im Kapitel „Ausrichtungen der Mitarbeiterbeteiligung" haben die unterschiedlichen Formen der finanziellen Mitarbeiterbeteiligung die Vielfältigkeit von Beteiligungsmöglichkeiten für Unternehmen offenbart. Auch wenn die Modelle einer unterschiedlichen Art und Weise der Umsetzung bedürfen, so bestehen doch für alle finanziellen Beteiligungsformen eine Reihe von Gemeinsamkeiten, die bei der Umsetzung und Durchführung zu beachten sind.

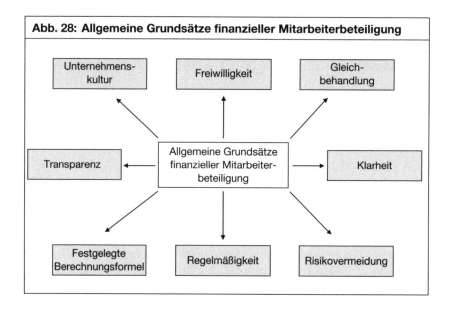

1. Unternehmenskultur

Die erfolgreiche Einführung einer Mitarbeiterkapitalbeteiligung erfordert in erster Linie eine Unternehmenskultur, die vom Miteinander und nicht vom Gegeneinander geprägt ist. Daher ist es von Anfang an unerlässlich, die wichtigsten Komponenten der immateriellen Beteiligung umzusetzen. Wesentliche Komponenten sind Information, Kommunikation und Mitwirkung der Mitarbeiter.

Sind diese immateriellen Komponenten nicht gegeben, wird eine materielle Beteiligung für sich allein nicht den gewünschten Erfolg der Motivation und der Bindung der Mitarbeiter an das Unternehmen realisieren, denn rein materielle Anreize nutzen sich als Motivationsinstrument schnell ab, wenn sie nicht in eine leistungsfördernde und die Arbeitszufriedenheit steigernde Unternehmenskultur eingebettet sind. Ein wirklich „beteiligter" Mitarbeiter kann nur derjenige sein, der die Ziele seines Unternehmens und die Wege der Zielerreichung kennt.

Neben Informationen über die Grundsätze und Ziele des Unternehmens sollten die Mitarbeiter daher nicht nur zum Anfang des Mitarbeiterbeteiligungsprogramms wissen, in welcher aktuellen wirtschaftlichen Lage sich das Unternehmen befindet, welche Veränderungen geplant sind und welche neuen Dinge auf sie zukommen werden. Hierüber sollten die Mitarbeiter stetig unterrichtet werden. Andererseits ist es für die Schaffung einer gegenseitigen Vertrauensbasis zwingend notwendig, dass sich auch der Unternehmer mit den Vorstellungen seiner Mitarbeiter über das Unternehmen und deren Ansprüchen an das Unternehmen auseinander setzt.

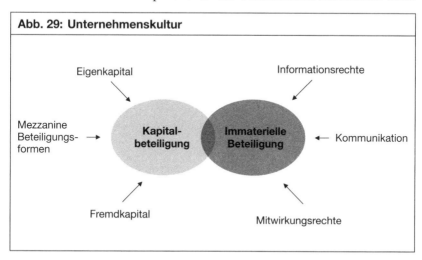

Abb. 29: Unternehmenskultur

Effizientes Mittel für den beiderseitigen Gedankenaustausch ist das Mitarbeitergespräch. Inhalte solcher Gespräche können die Verbesserung der beiderseitigen Zusammenarbeit, die Ermittlung des Weiterbildungsbedarfs, aber auch die Vereinbarung von Zielvorstellungen für einen bestimmten Zeitraum sein. Bei solchen Zielvereinbarungen kann der Unternehmer einen bestimmten Entscheidungsspielraum für die Art und Weise des Erreichens einräumen. Somit kann der Mitarbeiter an dem Erreichen von Unternehmenszielen persönlich mitwirken.

Wichtig ist, dass die Mitarbeiter nicht nur bei der Erarbeitung eines Beteiligungsmodells informiert bzw. beteiligt werden, sondern auch bei der Durchführung stetig Informationen über den Verlauf des Mitarbeiterbeteiligungsprogrammes und des Unternehmens erhalten. Dabei sind den Mitarbeitern die Fachbegriffe und Zusammenhänge des gewählten Beteiligungsmodells zu vermitteln sowie, die wirtschaftlichen Wirkungsweisen, die finanziellen Chancen und Risiken für die Mitarbeiter zu erläutern.

2. Freiwilligkeit

Sowohl den Unternehmen als auch den Arbeitnehmern sollte es freistehen, eine finanzielle Beteiligung zu nutzen. Kein Arbeitnehmer sollte gezwungen werden, einen Teil seines Lohns als Risikokapital bei seinem arbeitgebenden Unternehmen zu investieren. Bei der Einführung von finanziellen Mitarbeiterbeteiligungsprogrammen sollte man von den tatsächlichen Bedürfnissen und Interessen beider Seiten ausgehen.

3. Finanzielle Beteiligung der Gesamtbelegschaft

Grundsätzlich sollte ein Mitarbeiterbeteiligungsprogramm allen Arbeitnehmern des Unternehmens angeboten werden. Zwar sind unterschiedliche Modelle oder konkrete Ausgestaltungen im Bereich der Führungskräfte und sonstigen Arbeitnehmer möglich, jedoch sollte auf eine Beteiligungsmöglichkeit für alle Arbeitnehmer auf Grund der Gleichbehandlung und der damit verbundenen positiven Effekte auf die Unternehmenskultur, das „Wir"-Gefühl, geachtet werden. Einer der Hauptvorteile der Mitarbeiterbeteiligung ist die stärkere Identifizierung der Beschäftigten mit dem Unternehmen. Ein solches Gemeinschaftsgefühl erzeugt eine höhere Motivation und folglich eine höhere Produktivität. Werden bestimmte Arbeitnehmer von der Einführung einer Mitarbeiterbeteiligung ausgenommen, kann eine solche Zielsetzung von vornherein nicht erfolgreich realisiert werden.

4. Klarheit und Transparenz

Für die Akzeptanz der finanziellen Unternehmensbeteiligung und die erfolgreiche Teilnahme durch die Mitarbeiter ist es unumgänglich, dass dem Programm ein klares Konzept zu Grunde liegt und die Funktionsweise für alle Mitarbeiter transparent ist. Das bedeutet im Wesentlichen eine klare und verständliche Entwicklung von Beteiligungsplänen. Die Arbeitnehmer bzw. ihre Vertreter sollten bereits im Vorfeld der Einführung zu bestimmten Modalitäten befragt werden. Aber auch während der Einführung und der Beteiligungsdauer sollten die Beschäftigten eingehend über die Beteiligungsvarianten geschult und regelmäßig über die Entwicklung des Unternehmens unterrichtet werden.

5. Festgelegte Gewinnformel

Unabdingbare Voraussetzung für die Transparenz der Beteiligung und ihre Akzeptanz ist eine im Voraus bestimmte Formel zur Berechnung der Gewinn- bzw. gegebenenfalls Verlustanteile der finanziellen Beteiligung der Mitarbeiter. Eine lediglich vage Aussage würde klar den verfolgten Effekten der Motivation und Identifikation widersprechen.

6. Regelmäßigkeit

Mitarbeiterbeteiligungsprogramme sollten von den Unternehmen nicht nur als eine einmalige Aktion, sondern regelmäßig angeboten werden. Dadurch erhalten bereits beteiligte Mitarbeiter die Möglichkeit, ihre Beteiligung stetig zu erweitern. Andererseits besteht für zunächst am Erfolg zweifelnde Beschäftigte die Möglichkeit, sich angesichts eines erfolgreichen Verlaufs am Unternehmen zu beteiligen. Engagement, Loyalität und Vertrauen werden gefördert und belohnt.

7. Risikoaufklärung

Für Arbeitnehmer stehen bei einer ungünstigen Entwicklung der Geschäftstätigkeit des Unternehmens nicht nur der Totalverlust ihres eingesetzten Kapitals, sondern auch ihr Arbeitsplatz und damit ihr regelmäßiges Einkommen auf dem Spiel. Angesichts des Eintritts der potenziellen Risiken sollte bei der Entwicklung und Durchführung von Mitarbeiterbeteiligungsprogrammen darauf geachtet werden, dass im Rahmen eines jeglichen Beteiligungsmodells entsprechende unzumutbare Risiken weitestgehend vermieden werden. Das Mindeste ist, dass die Beschäftigten über die Risiken einer finanziellen Beteiligung aufgeklärt werden.

II. Vorgehensweise bei Einführung eines Beteiligungskonzepts

Die Vorgehensweise bei Vorbereitung und Einführung eines Beteiligungskonzepts wird grundsätzlich in vier Phasen unterteilt. Dabei sollten bestimmten Phasen nicht weniger Gewicht beigemessen werden, da nur eine in allen Punkten wohl durchdachte und auf das Unternehmen zugeschnittene Mitarbeiterbeteiligung den jeweils gewünschten Erfolg herbeiführen kann.

Abb. 30: Einführung eines Beteiligungskonzepts			
Phase 1: Vorbereitung	Phase 2: Festlegung der Rahmenbedingungen	Phase 3: Wahl der Beteiligungsform	Phase 4: Konkrete Vertragsgestaltung
• Informationssammlung	• Teilnehmerkreis	• Mitarbeiterdarlehen	• Erstellung von Beteiligungsbedingungen
• externe fachkundige Berater	• Eigenkapital/ Fremdkapital	• Belegschaftsaktie	• Musterverträge
• Zielbestimmung	• Mittelaufbringung	• GmbH-Anteile	
• Einbeziehung des Betriebsrates	• Höhe der Beteiligung	• Genussrechte	
	• Kapitalentlohnung	• stille Gesellschaft	
	• Insolvenzsicherung	• direkte oder indirekte Beteiligung	
	• Zeithorizont	• Aktienoption	
	• Rechte der beteiligen Mitarbeiter		
	• Verfügungsmöglichkeiten		

1. Vorbereitung

1.1 Informationssammlung/Einbeziehung von externen Beratern

Wenn sich ein Unternehmen mit dem Thema der Mitarbeiterbeteiligung befasst, ist es sinnvoll, den derzeitigen Informationsstand über die Thematik zu vertiefen. Der geeignete Weg dabei ist – neben Literaturbeschaffung und dem Herantreten an Unternehmen, die bereits erfolgreich ein Mitarbeiterbeteiligungsprogramm eingeführt haben – die Konsultation von fachkundigen Beratern, wie Verbänden und Interessenvertretungen oder auch Steuerberatern und spezialisierten Rechtsanwälten. Bei der Erarbeitung eines finanziellen Beteiligungskonzepts für Mitarbeiter sind im Wesentlichen personalpolitische Fragen sowie steuerliche und juristische Fragen zu klären. Auch wenn ein Modell ohne die Unterstützung externer Berater erarbeitet wird, sollte unbedingt vor Verabschiedung und Realisierung das erarbeitete Beteiligungsmodell einem fachkundigen Berater zur Prüfung vorgelegt werden.

1.2 Zielbestimmung

Zu Beginn eines jeden Angebots einer Mitarbeiterbeteiligung sollte der Unternehmer seine Ziele, die mit einem solchen Programm verfolgt werden, klar definieren. Denn die eindeutige Formulierung der Zielvorstellungen ist grundlegend für die spätere Ausgestaltung des Beteiligungsmodells. Hierbei sollten Unternehmensführung und Gesellschafter ihre Vorbehalte und Wünsche äußern. Ziele, die Auswirkungen auf die Wahl des konkreten Beteiligungsmodells haben, sind etwa: Wachstum (Umsatz, Personal, Standorte, Marktanteil), Gewinnmaximierung, Regelung der Unternehmensnachfolge sowie die Unternehmensfinanzierung. Die im Anhang befindliche Checkliste „Zielsetzungen einer Mitarbeiterbeteiligung" kann als Anregung für eine klare Definition der Zielvorstellungen genutzt werden.

Neben den Erwartungen von Unternehmensführung und Gesellschaftern sollten bereits in dieser Phase die Mitarbeiter zu ihren Zielvorstellungen angehört werden, um von Anfang an eine Akzeptanz eines finanziellen Beteiligungsprogramms aufzubauen, die für eine erfolgreiche Realisierung unerlässlich ist.

1.3 Einbeziehung des Betriebsrats

Wichtig ist auch die frühzeitige Einbeziehung eines gegebenenfalls vorhandenen Betriebsrats, um die Vorstellungen der Arbeitnehmer in der Konzeption zu berücksichtigen. Darüber hinaus ist seine Teilnahme an der Entwicklung und seine Akzeptanz hinsichtlich einer finanziellen Mitarbeiterbeteiligung entscheidend für den Beteiligungserfolg bei den Mitarbeitern. Dabei gilt es, über die Chancen der Mitarbeiterbeteiligung umfassend zu informieren und den Betriebsrat für die Einführung zu gewinnen. Denn wenn der Betriebsrat nicht voll hinter der Einführung eines solchen Modell steht, wird dessen Umsetzung schwierig.

In Unternehmen, in denen ein Betriebsrat bestellt worden ist, unterliegt die nähere Ausgestaltung einer Mitarbeiterbeteiligung der Mitbestimmung des Betriebsrates. Die Mitbestimmung schließt außertarifliche Mitarbeiter ein, nicht aber leitende Angestellte. Mitbestimmungsfrei sind die grundsätzliche Entscheidung über die Einführung bzw. Abschaffung einer Mitarbeiterkapitalbeteiligung, der Zeitraum, die vom Arbeitgeber insgesamt zur Verfügung gestellten Mittel und deren Form (Barauszahlung oder investive Anlage) sowie der Durchführungsweg der Mitarbeiterbeteiligung. Der Betriebsrat hat jedoch dafür Sorge zu tragen, dass die Mitarbeiterbeteiligung vor dem Hintergrund der zu Gunsten der Arbeitnehmer geltenden Gesetze, Verordnungen und Tarifverträge ordnungsgemäß durchgeführt wird. Zudem hat der Betriebsrat nach § 75 BetrVG zusammen mit dem Arbeitgeber über die Einhaltung des Gleichbehandlungsgebotes und des Diskriminierungsverbotes zu wachen. Sobald vermögenswirksame Leistungen einbezogen oder Zuschüsse/Zulagen vom Unternehmen gewährt werden, sind „Fragen der betrieblichen Lohngestaltung" im Sinne des § 87 Abs. 1 Nr. 10 BetrVG berührt, so dass der Betriebsrat zu beteiligen ist. § 88 Ziffer 3 BetrVG ermöglicht darüber hinaus den Abschluss einer freiwilligen Betriebsvereinbarung über Maßnahmen zur Förderung der Vermögensbildung. Jedoch besteht kein erzwingbares Mitbestimmungsrecht des Betriebsrates.

Sofern kein Betriebsrat im Unternehmen vorhanden ist, besteht die Möglichkeit einer Gesamtzusage, bei der der Arbeitgeber eine bestimmte zusätzliche Sozialleistung ankündigt, aber auf die Einverständniserklärung der Arbeitnehmer verzichtet. Durch betriebliche Übung entfaltet eine solche Regelung Bindungswirkung ähnlich einer einzelvertraglichen Regelung. Eine Gesamtzusage lohnt sich jedoch grundsätzlich erst dann, wenn eine breit angelegte Mitarbeiterbeteiligung vorgesehen ist.

Gleichzeitig sollten von vornherein auch die Personalabteilungen und die Rechts- und Steuerbereiche des Unternehmens sowie Wirtschaftsprüfer und Steuerberater eingebunden werden.

2. Festlegung der Rahmenbedingungen

Sind nunmehr die Zielvorstellungen klar definiert und gegebenenfalls externe Berater eingeschaltet worden, so geht die Planung eines Mitarbeiterbeteiligungsprogramms in eine entscheidende Phase. Nunmehr sind die wesentlichen Rahmenbedingungen zu formulieren. Auch in dieser Phase sollten auf Grund einer höheren Akzeptanz die Mitarbeiter sowie ein vorhandener Betriebsrat mit einbezogen werden.

2.1 Teilnehmerkreis
Wie bereits in den allgemeinen Grundsätzen angedeutet, sollte ein Unternehmen ein Mitarbeiterbeteiligungsprogramm all seinen Beschäftigten anbieten, wenn für die erfolgreiche Realisierung eines „Wir"-Gefühls verbunden mit erhöhter Mitarbeitermotivation und höherer Produktivität, nicht gänzlich unwichtig sind. Möchte ein Unternehmen nicht die ge-

samte Belegschaft beteiligen, möglicherweise auf Grund eines Testlaufs von Mitarbeiterbeteiligungen an seinem Unternehmen oder einer stärkeren Zielsetzung bei der Regelung der Unternehmensnachfolge, hat er bei jeder Beschränkung des Teilnehmerkreises jedoch das Gleichbehandlungsgebot zu beachten. Eine Eingrenzung oder Differenzierung darf nur vorgenommen werden, wenn sie sachlich (z. B. Betriebszugehörigkeit, Führungsebene) begründet ist.

Empfehlenswert ist, ein Mitarbeiterbeteiligungsprogramm an die breite Belegschaft zu richten, wobei es hinsichtlich der konkreten Bedingungen für Führungskräfte, leitende Angestellte oder Arbeitnehmer unterschiedlich gestaltet werden kann (Höhe der Beteiligung, Höhe eines eventuellen Firmenzuschusses, Höhe der Kapitalentlohnung, Laufzeit, Mitsprache- und Kontrollrechte).

2.2 Mittelaufbringung

Die Mittel für die Beteiligung können entweder vom Arbeitnehmer oder vom Arbeitgeber aufgebracht werden. Möglich ist auch, dass beide in Kombination die Beteiligungseinlagen leisten.

Abb. 31: Mittelaufbringung

Eigenleistung der Mitarbeiter	Leistungen des Unternehmens
• Zahlungen aus Lohn und Gehalt	• investive Erfolgsbeteiligung
• Zahlungen aus Privatvermögen	• Unternehmenszuschuss
• Wiederanlage von Zinsen und Kapitalgewinnanteilen	• Vorfinanzierung der Eigenleistung des Mitarbeiters
Anlage von vermögenswirksamen Leistungen des Arbeitgebers	

2.2.1 Leistungen des Arbeitnehmers

Zum einen können die Mittel durch den Arbeitnehmer aufgebracht werden. So kann der Mitarbeiter entweder Zahlungen aus seinem Privatvermögen leisten oder einen unmittelbaren Abzug von seinem Gehalt (z. B. Verwendung des dreizehnten Monatsgehalts oder eines erfolgsabhängigen Lohnbestandteils) vereinbaren.

Die dem Mitarbeiter aus einem bereits bestehenden Beteiligungsverhältnis zustehenden Zinsen und Gewinnanteile können zum Erwerb einer weiteren Beteiligung wieder angelegt werden. Dem Mitarbeiter kann das freie Entscheidungsrecht eingeräumt werden, ob Zinsen oder Gewinnanteile an ihn jährlich ausgeschüttet oder ob sie für eine Erhöhung seiner Beteiligung verwendet werden sollen.

2.2.2 Leistungen des Arbeitgebers

Mittel für eine Kapitalbeteiligung des Mitarbeiters können durch eine gleichzeitig bestehende Erfolgsbeteiligung beschafft werden. Bei der investiven Anlage in einer Kapitalbeteiligung am arbeitgebenden Unternehmen können die Vorteile des § 19a EStG genutzt werden.

Aber auch ohne eine Erfolgsbeteiligung kann das Unternehmen seine Arbeitnehmer im Rahmen der Mitarbeiterbeteiligung bezuschussen, indem es den Arbeitnehmern die Beteiligung vergünstigt anbietet. In diesem Zusammenhang ist der Steuervorteil, der durch § 19 a EStG gewährt wird, nutzbar. Möglich ist auch eine Vorfinanzierung der Eigenleistungen des Mitarbeiters, indem ein Darlehen gewährt wird; das Darlehen kann in bestimmten Grenzen zinslos oder zinsbegünstigt gewährt werden. Bei dieser Möglichkeit ist jedoch darauf hinzuweisen, dass dem Unternehmen zunächst keine zusätzliche Liquidität zufließt und somit das Ziel der Verbesserung der Finanzkraft nicht erfolgreich realisiert werden kann.

2.2.3 Vermögenswirksame Leistungen nach dem 5. VermBG

Zu berücksichtigen sind bei diesem Themenkomplex auch die Möglichkeiten der staatlichen Förderung über vermögenswirksame Leistungen.

Daher wird an dieser Stelle auf das ausführliche Kapitel „Staatliche Förderungsmöglichkeiten" verwiesen.

2.3 Kapitalentlohnung

Darüber hinaus ist festzulegen, ob die Mitarbeiter eine Verzinsung oder eine Gewinnbeteiligung erhalten sollen. Während bei einem Darlehen dem Mitarbeiter eine feste Verzinsung garantiert wird, wird bei einer Beteiligung in Form von Eigenkapital oder Eigenkapitalersatz eine gewinnabhängige Ausschüttung angeboten. Der Faktor der Gewinnabhängigkeit hat auf den Mitarbeiter – da die Höhe der Ausschüttung konkret vom Erfolg des Unternehmens abhängt – einen hohen Motivationseffekt, denn der Mitarbeiter kann die Höhe seiner Ausschüttung mit dem Unternehmenserfolg und damit mit seinem Arbeitsplatz und seiner Arbeitsleistung in eine konkrete Verbindung setzen.

Des Weiteren kann eine Beteiligung der Mitarbeiter an einem möglichen Verlust des Unternehmens vereinbart werden. Hier besteht die Möglichkeit, dass die Verlustbeteiligung auf einen bestimmten Betrag begrenzt wird. Unabhängig von der gewählten Form der Kapitalentlohnung ist es unerlässlich, dass die beteiligten Mitarbeiter die Berechnungsgrundlage verstehen und nachvollziehen können. Denn Verständlichkeit und Transparenz von Gewinn- und Verlustberechnung sind ein wesentlicher Bestandteil für die Akzeptanz eines finanziellen Mitarbeiterbeteiligungsmodells und die damit verbundenen Effekte der Motivation und Identifikation mit dem Unternehmen.

2.4 Insolvenzsicherung

Die Absicherung des Mitarbeiterkapitals wird häufig von den Mitarbeitern bzw. ihren Vertretern gefordert. Sie erhöht tendenziell die Akzeptanz des Beteiligungsangebotes, zugleich aber auch die Kosten für das Unternehmen. Bei der Ausgabe von Mitarbeiterdarlehen, zu deren Finanzierung vermögenswirksame Leistungen in Anspruch genommen werden, ist ein Insolvenzschutz gesetzlich vorgeschrieben. Mitarbeiterdarlehen müssen durch ein Kreditinstitut verbürgt oder durch ein Versicherungsunternehmen privatrechtlich abgesichert werden. Aber auch wenn keine vermögenswirksamen Leistungen gewährt werden, ist es geschäftsüblich, langfristige Darlehen zu sichern. Bei der Inanspruchnahme der Steuervergünstigung nach § 19a EStG ist zur Ausgabe von Mitarbeiterdarlehen zu gewährleisten, dass die Darlehensforderung durch ein Kreditinstitut verbürgt oder durch ein Versicherungsunternehmen privatrechtlich gesichert ist. Hierdurch soll gewährleistet werden, dass für den Arbeitnehmer kein Insolvenzrisiko besteht.

Für alle anderen förderfähigen Anlagearten ist in § 2 Abs. 5a VermBG lediglich eine vage Verpflichtung zu Vorkehrungen der Absicherung von einer während der Dauer der Sperrfrist eintretenden Zahlungsunfähigkeit vorgesehen, ein konkreter Insolvenzschutz ist nicht vorgeschrieben. Trotz fehlender gesetzlicher Verpflichtung sollte jedoch grundsätzlich über eine Absicherung der Beteiligung nachgedacht werden. Die Notwendigkeit einer solchen Absicherung – gerade im Hinblick auf die Akzeptanz der Beteiligung durch die Mitarbeiter – ist nicht pauschal zu beantworten, sondern richtet sich nach dem jeweiligen Unternehmen.

An dieser Stelle wird auf die Ausführungen zur Insolvenzsicherung im Kapitel „Staatliche Förderungsmöglichkeiten" verwiesen.

2.5 Zeithorizont

Bei der Gestaltung des Beteiligungsmodells ist auch zu berücksichtigen, ob es sich um ein einmaliges Angebot oder um ein dauerhaftes Programm handeln soll. Durch ein regelmäßiges Angebot einer Kapitalbeteiligung erhalten bereits beteiligte Mitarbeiter die Möglichkeit, ihre Beteiligung stetig zu erweitern. Andererseits besteht für zunächst am Erfolg zweifelnde Beschäftigte die Möglichkeit, sich angesichts eines erfolgreichen

Verlaufs am Unternehmen zu beteiligen. Engagement, Loyalität und Vertrauen werden gefördert und belohnt.

2.6 Rechte der beteiligten Mitarbeiter

Die Wahl einer Beteiligungsform hängt auch entscheidend von den Vorstellungen des Unternehmens und der Mitarbeiter im Hinblick auf Mitbestimmungsrechte der Mitarbeiter ab. Mit zunehmendem Eigenkapitalcharakter nehmen die Rechte der beteiligten Beschäftigten tendenziell zu. So exisitieren bei der Ausgabe von Mitarbeiterdarlehen keine Informations- und Mitwirkungsrechte. Bei den Mischformen Genussrechte und stille Beteiligungen, die in bestimmten Ausgestaltungsformen als mezzanine Beteiligungsformen im Sinne von Eigenkapitalersatz zu qualifizieren sind, besteht ein großer Gestaltungsspielraum für Informations- und Mitwirkungsrechte. Demgegenüber sind bei einer Beteiligung über Belegschaftsaktien oder GmbH-Anteile den beteiligten Mitarbeitern umfassende Informations- und Mitwirkungsrechte einzuräumen, da sie die Stellung eines Aktionärs bzw. eines Gesellschafters erhalten.

Verfolgt ein Unternehmer das Ziel, eine Regelung für eine eventuelle Unternehmensnachfolge zu treffen, so bietet sich für die jeweiligen Personen eine Beteiligung am Eigenkapital an. So können die Beteiligten bereits im Vorbereitungsstadium der Unternehmensnachfolge an gesellschaftsrechtlichen Entscheidungen teilnehmen, so dass dann nur noch ein gleitender Übergang stattfindet. Ist sich der Unternehmer jedoch noch nicht über eine Unternehmensnachfolge eines Mitarbeiters sicher, so kann er die Formen der Mezzanine-Beteiligung hervorragend nutzen. Hier besteht die Möglichkeit, dem jeweiligen Mitarbeiter gewisse Informations- und Mitwirkungsrechte einzuräumen, um die unternehmerischen Fähigkeiten zu testen.

Wird z. B. das Ziel der Unternehmensnachfolge nicht verfolgt, so sollte der Unternehmer darauf achten, inwieweit ihm die Effekte der Motivation, Identifikation mit und Bindung an das Unternehmen wichtig sind. Bei einem Mitarbeiterdarlehen ohne Informations- und Mitwirkungsrechte fallen solche Effekte in der Regel geringer aus, da sich der beteiligte Mitarbeiter lediglich als reiner Kapitalgeber des Unternehmens sieht. Daher sollten Beteiligungen über Genussrechte oder stille Beteiligungen auf Grund des hohen Gestaltungsspielraums bevorzugt werden.

2.7 Verfügungsmöglichkeiten der beteiligten Mitarbeiter
2.7.1 Laufzeit

In der Regel sind die Unternehmen an einer möglichst langen Bindung des Mitarbeiterkapitals interessiert. Sie fürchten große finanzielle Belastungen, die mit umfangreichen Auszahlungen anfallen können. Sie wollen mit den Beendigungsregelungen die Auszahlungsverpflichtungen steuern, damit das Unternehmen im Rahmen seiner Liquiditätsspielräume bleibt. Andererseits ist es auch für die Mitarbeiter von großer Bedeutung zu wissen, wann und unter welchen Voraussetzungen sie über ihre Kapitalbeteiligung verfügen können.

Zu beachten ist in diesem Punkt insbesondere, dass beim Einsatz vermögenswirksamer Leistungen die gesetzliche Sperrfrist von sieben Jahren vorgeschrieben ist. Anderenfalls sind die gewährten Vergünstigungen zurückzuzahlen. In der Praxis bildet für viele Beteiligungsmodelle die Sperrfrist eine Orientierungshilfe bei der Ausgestaltung der Laufzeit.

2.7.2 Kündigung/Ausscheiden aus dem Unternehmen
Die Beendigung der Mitarbeiterkapitalbeteiligungen sollte relativ ausführlich geregelt werden. Grundsätzlich wird während der Mindestlaufzeit bzw. Sperrfrist ein ordentliches Kündigungsrecht ausgeschlossen. Trotzdem sollten Regelungen für die Möglichkeit einer vorzeitigen Kündigung getroffen werden, um dem beteiligten Mitarbeiter zu zeigen, dass er nicht um jeden Preis an die Beteiligung gebunden ist. Dabei können die Gründe des Vermögensbildungsgesetzes eine Hilfe bieten:

- Tod oder völlige Erwerbsunfähigkeit,
- Heirat,
- Aufnahme einer selbstständigen Tätigkeit.

Darüber hinaus können auch weitergehende Kündigungsgründe vereinbart werden, wie z. B.:

- unverschuldete Notlage des Mitarbeiters,
- Erreichen einer bestimmten Altersgrenze.

Erforderlich ist auch eine Regelung in Hinblick auf das mögliche Ausscheiden eines beteiligten Mitarbeiters. Auch für diesen Fall sollte eine vorzeitige Beendigung der Kapitalbeteiligung bestimmt werden, da weder beim Unternehmen (auf Grund der Unmöglichkeit der verfolgten Ziele wie Motivation, Bindung, Identifikation) noch beim Mitarbeiter ein besonderes Interesse am Festhalten an der Unternehmensbeteiligung besteht.

2.7.3 Kapitalrückzahlung
Erforderlich sind auch Regelungen zu den Kapitalrückzahlungsmöglichkeiten bei Beendigung der Beteiligung. Dabei sollten Rückzahlungsmodalitäten vereinbart werden, die zum einen dem Interesse des Mitarbeiters am Kapitalrückfluss gerecht werden und zum anderen die

Liquidität des Unternehmens nicht beeinträchtigen. Neben der Rückzahlung des Gesamtbetrages (ggf. abzüglich eines Verlustanteils) kann auch eine ratenweise Rückzahlung in Betracht gezogen werden. Die ratenweise Rückzahlung ist für das Unternehmen liquiditätsschonend, da nicht ein Betrag zu einem bestimmten Zeitpunkt für alle beteiligten Mitarbeiter fällig wird.

2.7.4 Ausschüttungen
Auch die Ausschüttungen des jeweiligen Kapitalertrags müssen vertraglich vereinbart werden. In den meisten Fällen werden die Gewinnanteile oder Zinsen an einem festgelegten Stichtag an die Mitarbeiter ausgezahlt, zumeist nach Aufstellung des Jahresabschlusses, da dieser die Grundlage für die Gewinnanteile ist. Die dem Mitarbeiter aus einem bereits bestehenden Beteiligungsverhältnis zustehenden Zinsen und Gewinnanteile können aber auch zum Erwerb einer weiteren Beteiligung wieder angelegt werden.

2.7.5 Veräußerbarkeit/Handelbarkeit
Des Weiteren muss festgelegt werden, ob und in welcher Art und Weise der Mitarbeiter über seine Beteiligung verfügen kann. Eine Reglung ist nicht erforderlich, wenn eine börsennotierte Gesellschaft Belegschaftsaktien ausgibt. Alle anderen Beteiligungsformen sind grundsätzlich nicht handelbar, so dass für die Veräußerung der Anteile Regelungen notwendig sind. Hierbei können die Möglichkeiten der Rücknahme durch das Unternehmen oder der Verkauf an andere Unternehmensmitarbeiter genutzt werden. Um Fremdeinflüsse von Nichtangehörigen des Unternehmens zu verhindern, werden in der Regel Bestimmungen dahingehend getroffen, dass die beteiligten Mitarbeiter ihre Beteiligung nicht veräußern dürfen, d. h., die Beteiligungen dürfen an unternehmensfremde Dritte weder verkauft, abgetreten oder verschenkt werden.

3. Wahl des Beteiligungsmodells

Nachdem die einzelnen Rahmenbedingungen der Mitarbeiterbeteiligung feststehen, folgt die endgültige Entscheidung über das Beteiligungsmodell.

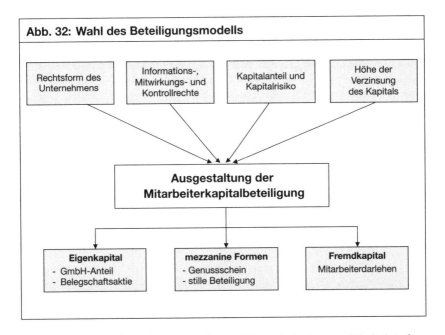

Hierbei werden alle Führungskräfte und Gesellschafter ausführlich informiert, so dass diese noch Vorschläge oder Änderungswünsche einbringen können. Die einzelnen Rahmenbedingungen werden präzisiert. Danach erfolgt dann die Abstimmung über das Beteiligungsmodell. Je nach Rechtsform und Inhaberstruktur ist die Zustimmung der Gesellschafterversammlung und/oder der Aufsichtsorgane (z. B. Aufsichtsrat, Beirat) notwendig.

4. Konkrete Vertragsgestaltung

Wenn über alle Details des Beteiligungsmodells entschieden ist, kann die endgültige Formulierung des Beteiligungsvertrages erfolgen. Dabei handelt es sich um die Rechtsgrundlagen der Beteiligung, die in juristischer und steuerlicher Hinsicht eindeutig formuliert sein müssen. Empfehlenswert ist, dass der Beteiligungsvertrag von einem Rechtsanwalt erstellt wird bzw. von einem solchen geprüft wird. Danach erfolgt eine abschließende Abstimmung über das Beteiligungsmodell.

III. Realisierung eines Beteiligungskonzepts

Eine sorgfältig geplante Mitarbeiterbeteiligung in der Einführungsphase erleichtert die tatsächliche Realisierung. Im Rahmen der Realisierung sind Schritte wie die Anfertigung von Formularen und Informationsbroschüren sowie die Durchführung von Informationsveranstaltungen für Mitarbeiter entscheidend.

1. Informationsbroschüre/Formulare

Für die Realisierung der Mitarbeiterbeteiligung sind in einem ersten Schritt die notwendigen Dokumente und Formulare anzufertigen. Dazu müssen neben dem Beteiligungsvertrag die Beteiligungsurkunde, der Zeichnungsschein sowie ein Antrag auf Anlage vermögenswirksamer Leistungen ausgearbeitet werden.

Um den Mitarbeitern das Verständnis des erarbeiteten Mitarbeiterbeteiligungsprogramms zu erleichtern, ist die Anfertigung einer Informationsbroschüre, die alle wesentlichen Punkte des Beteiligungsmodells klar und verständlich erläutert, zu empfehlen. Durch eine verständliche Sprache und visuelle Aufarbeitung des Ablaufs der Beteiligung bestehen wesentlich höhere Erfolgsaussichten für eine Beteiligung der Mitarbeiter. Bei der Ausgestaltung einer Informationsbroschüre sollte das Unternehmen nicht auf professionelle Unterstützung z. B. durch spezialisierte Rechtsanwälte oder Berater verzichten.

Prospektpflicht für Mitarbeiterbeteiligungsprogramme

Nach dem Inkrafttreten des Wertpapierprospektgesetzes (WpPG) am 1. Juli 2005 ist für Mitarbeiterbeteiligungsprogramme, die ein Angebot von Wertpapieren/Aktien vorsehen, nunmehr grundsätzlich auch eine Prospektpflicht vorgesehen, soweit keine gesetzliche Ausnahmeregelung als Befreiungstatbestand eingreift. Gemäß § 4 Abs. 1 Nr. 5, Abs. 2 Nr. 6 WpPG gibt es allerdings nur noch eingeschränkte Ausnahmen von der Prospekterstellungspflicht. Der Prospektpflicht unterliegen insbesondere Mitarbeiterbeteiligungsangebote von Unternehmen, deren Wertpapiere nicht an einer Wertpapierbörse im europäischen Wirtschaftsraum an einem amtlichen/geregelten Markt notiert sind. Somit betrifft das insbesondere deutsche Unternehmen, die nicht börsennotiert sind. Keine Prospektpflicht trifft Unternehmen, deren Wertpapiere an einem amtlichen/ geregelten Markt innerhalb des europäischen Rechtsraumes notiert sind. Diesen Unternehmen obliegt jedoch die Pflicht, bestimmte Informationen zu erteilen und den Mitarbeitern vor dem Erwerb des Wertpapiers ein Dokument zur Verfügung zu stellen, aus welchem die Anzahl und die Art des Wertpapiers hervorgehen, und die Gründe und Einzelheiten zu dem Angebot dargelegt werden.

Vor diesem Hintergrund und der damit verbundenen Strafandrohung bei Verstößen gegen das WpPG muss an dieser Stelle dringend empfohlen werden, alle Mitarbeiterbeteiligungsprogramme im Hinblick auf die gesetzlichen Vorschriften innerhalb des WpPG überprüfen zu lassen. Aktienbeteiligungsmodelle ausländischer Unternehmen sind auf eine mögliche Prospektpflicht bzw. erforderliche Maßnahmen für die Erfüllung von Ausnahmeregelungen zu überprüfen. Das Gleiche gilt auch für deutsche Unternehmen. Betroffen sind jedoch nicht nur neu eingeführte Mitarbeiterbeteiligungsprogramme, sondern auch solche aus der Vergangenheit, bei denen nach dem 01. Juli 2005 weitere Wertpapiere zum Erwerb an die Mitarbeiter angeboten werden.

2. Schulungen/Informationsveranstaltungen

Für die erfolgreiche Realisierung des geplanten Beteiligungsmodells ist es von besonderer Bedeutung, dass die Mitarbeiter ausführlich und umfassend über Vorteile, Chancen und Risiken informiert werden. Denn je besser die Mitarbeiter das angebotene Mitarbeiterbeteiligungsprogramm verstehen und akzeptieren, desto eher werden sie auch mitmachen und die Beteiligung für ein interessantes Angebot der Unternehmung halten.

Um die erhofften Effekte, die mit einer Mitarbeiterbeteiligung verfolgt werden, tatsächlich zu realisieren, sollten die Unternehmen keinesfalls auf Informationsveranstaltungen und Schulungen für ihre Mitarbeiter verzichten.

Zunächst sollten das erarbeitete Beteiligungsmodell und die Beweggründe für das Angebot einer Mitarbeiterbeteiligung im Rahmen einer Betriebsversammlung vorgestellt werden. Gleichzeitig ist jedem Mitarbeiter die angefertigte Informationsbroschüre auszuhändigen, damit sich die Mitarbeiter aktiv mit dem Angebot auseinander setzen können. Die Mitarbeiter müssen davon überzeugt werden, dass es sich lohnt, sich mit dieser Sache auseinander zu setzen und dass es sich um ein ehrliches und weitgehendes Angebot des Unternehmens handelt. Daher sollten nach einiger Zeit kleinere Gesprächsrunden, zu denen gewisse Personengruppen oder Abteilungen des Unternehmens eingeladen werden, stattfinden. Hier besteht dann die Möglichkeit, detailliert auf das Mitarbeiterbeteiligungsprogramm einzugehen und Fragen der Mitarbeiter zu beantworten. Um bei den Mitarbeitern Vertrauen und Akzeptanz der unternehmerischen Maßnahme zu schaffen, ist es unabdingbar, dass alle Gesellschafter und die Geschäftsführung die Beteiligungsidee vollständig unterstützen. Daher sollten die Informationsveranstaltungen nicht nur durch einen eventuell beauftragten externen Berater, sondern auch durch Personen der Unternehmensführung durchgeführt werden. Es besteht aber auch die Möglichkeit, Vertreter der Arbeitnehmer auszuwählen, die bereits in den Phasen vor Beginn der Realisierung an der Entwicklung des Beteiligungsmodells teilnehmen und dadurch eine gewisse Schulung aufweisen. Diese Personen können dann als Ansprechpersonen für Fragen der Beschäftigten eingesetzt werden.

3. Kontinuierliche Pflege des Mitarbeiterbeteiligungsprogramms

Für eine erfolgreiche Realisierung des Mitarbeiterbeteiligungsprogramms ist dessen kontinuierliche Pflege und mögliche weitere Entwicklung nach Einführung unerlässlich. So sollte nach Ablauf der Zeichnungsfrist eine Bestandsaufnahme zu Beteiligungsquote, Höhe des Beteiligungskapitals und Akzeptanz unterschiedlicher Beteiligungsvarianten vorgenommen werden. Ergibt die Auswertung der Beteiligungsquote ein geringeres Ergebnis als erwartet, sollte das Unternehmen nicht von einem Misserfolg ausgehen und gar das Mitarbeiterbeteiligungsprogramm aufgeben. Hier kann ein Gespräch mit den Mitarbeitern zu Gründen der Ablehnung geführt werden. Aus den so gewonnenen Ergebnissen kann dann analysiert werden, welche Punkte des Beteiligungsmodells abgeändert werden müssen. Ein ständiger Informationsaustausch und Kommunikationsprozess ist für den Erfolg von Mitarbeiterbeteiligungen förderlich. Zu beachten ist auch, dass die Beteiligungsbereitschaft vieler Mitarbeiter wächst, wenn erste positive Erfahrungen vorliegen.

4. Öffentlichkeitsarbeit

Die Einführung eines Mitarbeiterbeteiligungsprogramms kann hervorragend für die Förderung der eigenen Public Relations eingesetzt werden, denn gerade in der jetzigen Diskussion um mehr Teilhabe der Mitarbeiter am Unternehmen finden die tatsächlichen Realisierungen von Beteiligungsmodellen einen breiten Anklang in der Öffentlichkeit. Hierzu bietet es sich an, Pressemitteilungen an Zeitungen oder Fachzeitschriften zu versenden.

IV. Fazit

Die Einführung und Realisierung einer Mitarbeiterbeteiligung ist sicherlich mit einigem Aufwand für das Unternehmen verbunden, doch der Erfolg des Programms lässt den Aufwand verschwindend gering aussehen. Bei der Einführung sollte der Unternehmer Geduld haben und sich von möglicherweise zunächst bescheidenen Anfangserfolgen nicht entmutigen lassen. Auch ein vergleichsweise einfaches Modell wie z. B. die Genussrechtsbeteiligung ist für viele Arbeitnehmer in hohem Maße erklärungsbedürftig. Von daher ist es besonders wichtig, dass zu diesem Thema eine intensive Kommunikation mit den Mitarbeitern stattfindet. Die Beteiligung sollte intensiv beworben werden.

V. Anhang

Checkliste „Zielsetzungen einer Mitarbeiterbeteiligung"

Abb. 32: Checkliste „Zielsetzung einer Mitarbeiterbeteiligung"

Zielsetzung	Bewertung		
	sehr wichtig	wichtig	unwichtig
höhere Motivation			
höhere Produktivität			
Verhinderung von Mitarbeiterfluktuation			
stärkere Identifikation mit dem Unternehmen			
stärkeres Kostenbewusstsein			
Verbesserung der Eigenkapitalbasis			
Verbesserung des Ratings			
Regelung der Unternehmernachfolge			
Flexibilisierung der Entlohnung			
Schaffung zusätzlicher Altersvorsorge für Mitarbeiter			

Abb. 33: Checkliste „Festlegung der Rahmenbedingungen"
1. Teilnehmerkreis • gesamte Belegschaft • ausgewählte Gruppen (Führungsebene, nach Dauer der Betriebszugehörigkeit)

2. Mittelaufbringung
• Leistungen des Mitarbeiters
   – aus Lohn und Gehalt
   – aus Privatvermögen
   – Wiederanlage von Gewinnanteilen
• Leistungen des Unternehmens
   – investive Erfolgsbeteiligung
   – Unternehmenszuschuss
   – Vorfinanzierung der Eigenleistung
• Anlage vermögenswirksamer Leistungen

3. Kapitalentlohnung • Zinsen • gewinnabhängige Ausschüttungen • Verlustbeteiligung
4. Insolvenzsicherung • Ist ein Insolvenzschutz vorgeschrieben? • Sollen Vorkehrungen zur Absicherung der Kapitalbeteiligung erfolgen?
5. Zeithorizont • einmalige Aktion • regelmäßiges Angebot
6. Informations- und Kontrollrechte der Mitarbeiter • Sollen umfassende, nur begrenzte oder keine Informations- und Kontrollrechte den Mitarbeitern eingeräumt werden?
7. Laufzeit • bei Einsatz vermögenswirksamer Leistungen ist die Sperrfrist von sechs Jahren zu beachten

Abb. 33: Checkliste „Festlegung der Rahmenbedingungen"
(Fortsetzung)

8. **Kündigung**
   - *Soll eine ordentliche Kündigung während Laufzeit grundsätzlich ausgeschlossen werden oder für bestimmte Fälle bestehen?*
   - *Was geschieht bei Ausscheiden des Mitarbeiters aus dem Unternehmen?*

9. **Kapitalrückzahlung**
   - *Gesamtbetrag*
   - *ratenweise Rückzahlung*

10. **Höhe der Ausschüttungen**

11. **Veräußerbarkeit/Handelbarkeit**
    - *Verhinderung von Fremdeinflüssen von Nichtangehörigen des Unternehmens*

H. Schlusswort

Intensiver Wettbewerb, rasanter technologischer Fortschritt, Preisverfall, Kostendruck, Globalisierung der Finanzmärkte und Neuausrichtung der Geschäftspolitik der Kreditinstitute auf Grund von Basel II lassen das Thema der Mitarbeiterbeteiligung in neuem Licht erscheinen. Mittelständische Unternehmen müssen auf Grund mangelnder Finanzressourcen sowie qualifizierter Fachkräfte noch schwierigere Wettbewerbsbedingungen überstehen. Vor diesem Hintergrund müssen die Unternehmen ihren Fokus innerhalb ihrer Unternehmensstrategie verstärkt auf den Ausbau der Finanzierungskraft und die Bindung von Mitarbeiterpotenzial lenken. Auf beiden Ebenen kann eine Mitarbeiterbeteiligung ihre Wirkung entfalten. Generell können folgende Vorteile aus einer finanziellen Beteiligung der Mitarbeiter entstehen:

- Steigerung der Eigenkapitalquote und Verbesserung des Ratings,
- Steigerung der Liquidität,
- Bindung qualifizierter Mitarbeiter und Sicherung des aufgebauten Know-how,
- Steigerung der Mitarbeitermotivation und Produktivität,
- Kostenbewusstsein der Mitarbeiter,
- flexiblere Lohngestaltung und Stabilisierung der Beschäftigung,
- unkomplizierte Nachfolgelösungen,
- private Altersvorsorge.

Alternative Finanzierungsquelle

Um den neuen Rahmenbedingungen der Wirtschaft standhalten zu können, ist die Unternehmensfinanzierung die größte Herausforderung. Die deutschen Unternehmen sollten vor allem ihre Eigenkapitalbasis stärken. Dass die Eigenkapitalausstattung deutscher Unternehmen zu wünschen übrig lässt, ist hinreichend bekannt. Dadurch werden die Unternehmen krisenanfälliger, belasten ihr Rating und erschweren damit die Unternehmensfinanzierung. Die niedrige Eigenkapitalquote vieler deutscher Unternehmen ist das Ergebnis einer langjährigen Untergewichtung von Instrumenten der Eigenkapitalfinanzierung und anderer Finanzierungsalternativen gegenüber klassischen Fremdfinanzierungen über die Hausbanken. Diese zeigen sich deutlich restriktiver bei der Kreditvergabe. Banken versuchen durch die neuen Ratingverfahren im Zuge von Basel II die Kreditrisiken besser zu erkennen und zu verringern. Deutliche Erschwernisse bei der Kreditaufnahme bis hin zur Kreditverweigerung und zu Konditionsverschlechterungen sind die Folge. Deutsche Unternehmen im Allgemeinen, insbesondere die mittelständischen Unternehmen, müssen deshalb ihre Finanzierungsstrategie unter Berücksichtigung alternativer Finanzierungsformen neu überdenken. Angesichts dessen ist es enttäuschend, dass nur wenige Unternehmen eine klare Eigenkapitalstrategie haben.

Eine verstärkte Nutzung von Mitarbeiterbeteiligungsmodellen kann kostengünstig und ohne großen Aufwand die Eigenkapitalausstattung verbessern. Insbesondere die Kapitalbeteiligungsmodelle (Belegschaftsaktien, GmbH-Anteile, stille Beteiligungen, Genussrechte) können einen Beitrag zur Lösung möglicher Finanzierungsprobleme leisten. Dabei werden die Mitarbeiter zu Kapitalgebern des Unternehmens. Vorteil ist, dass sich die Unternehmen keiner unternehmensfremden Personen bedienen müssen. Hinzu kommt noch, dass sie bei der Ausgabe von Genussrechten und stillen Beteiligungen hinsichtlich der Ausgestaltung der Informations- und Stimmrechte frei sind, so dass die größte Befürchtung der Einflussnahme von Mitarbeitern auf das Tagesgeschäft relativ weit ausgeschlossen werden kann.

Unternehmensnachfolge

Die Mitarbeiterkapitalbeteiligung kann sich auch als hilfreich bei der Regelung der Unternehmensnachfolge erweisen. In den kommenden Jahren steht bei einer Vielzahl von mittelständischen Unternehmen ein Generationswechsel an. Ob ein solcher von Erfolg gekrönt ist, hängt von einer Reihe von Faktoren ab. In vielen Unternehmen lässt sich familienintern ein Nachfolger nicht finden, so dass ein Verkauf des Unternehmens die Regel ist. Viele Unternehmen übersehen hierbei jedoch, dass sich potenzielle Nachfolger bereits im Unternehmen befinden. Durch ein Mitarbeiterbeteiligungsprogramm kann nicht nur die Unternehmensübernahme Schritt für Schritt finanziert werden. Dem Unternehmer ist es so auch möglich, sich Klarheit über die Eignung ausgewählter Mitarbeiter zu verschaffen, ohne dass bereits eine unwiderrufliche Entscheidung getroffen worden ist. Die Nachfolger können nach und nach in die unternehmerische Verantwortung eingebunden werden. Bei den Beteiligungsmodellen

Genussrechte oder stille Beteiligungen kann der Unternehmensinhaber das Maß der Informations-, Kontroll- und Stimmrechte steuern.

Mitarbeiterbindung

Auf Grund des demographischen Wandels und des Rückgangs der Absolventenzahl wird der Faktor Humankapital zum Engpass. Daraus resultiert ein zunehmender Wettbewerb um qualifizierte Fachkräfte nicht nur aus dem Bereich der Hochschulabgänger. Um diesen enorm wichtigen Erfolgsgarant für die Konkurrenzfähigkeit und damit die Sicherung des Bestehens des Unternehmens nicht zu verlieren, ist es wichtiger denn je, Mitarbeiter an das Unternehmen zu binden und attraktive Arbeitsplätze zu schaffen. Sowohl die Attraktivität des Unternehmens als Arbeitgeber als auch der Anreiz für einen Verbleib im Unternehmen steigt mit dem Angebot einer Mitarbeiterbeteiligung.

Das Angebot eines Beteiligungsmodells schafft das Gefühl, Mitunternehmer zu sein. Durch dieses Gefühl resultiert ein erhöhtes Interesse am Unternehmenserfolg. Der Mitarbeiter identifiziert sich stärker mit dem Unternehmen, seinen Zielen und Leitideen und baut deshalb eine engere Bindung zum Unternehmen auf. Dadurch erreicht der Unternehmer gleichzeitig, dass seine Arbeitnehmer Betriebsabläufe aufmerksamer beobachten und sich bewusster mit Fragen der Kosteneinsparung auseinander setzen.

Die Mitarbeiter sind durch eine Beteiligung mit ihrem Arbeitsplatz zufriedener, da der Zusammenhang zwischen ihrer Leistung und dem Unternehmenserfolg transparenter wird.

Fazit

Die finanzielle Beteiligung von Mitarbeitern bietet in der aktuellen wirtschaftlichen Situation viele Vorteile. Sie erleichtert Wachstums- und Investitionsfinanzierungen vor allem mittelständischer Unternehmen. Selbstverantwortung, Motivation und Identifikation des Mitarbeiters wird verstärkt. Dem Mitarbeiter eröffnet sich eine zusätzliche Einnahmequelle. Die Mitarbeiterbeteiligung eröffnet auf beiden Seiten Chancen, die es jetzt zu nutzen gilt!

Gesetzestexte

§ 19 a EStG Überlassung von Vermögensbeteiligungen an Arbeitnehmer

(1) Erhält ein Arbeitnehmer im Rahmen eines gegenwärtigen Dienstverhältnisses unentgeltlich oder verbilligt Sachbezüge in Form von Vermögensbeteiligungen im Sinne des § 2 Abs. 1 Nr. 1 und Abs. 2 bis 5 des Fünften Vermögensbildungsgesetzes in der Fassung des Gesetzes vom 19. Dezember 2000 (BGBl. I S. 1790), so ist der Vorteil steuerfrei, soweit er nicht höher als der halbe Wert der Vermögensbeteiligung (Absatz 2) ist und insgesamt 135 Euro im Kalenderjahr nicht übersteigt.

(2) [1]Als Wert der Vermögensbeteiligung ist der gemeine Wert anzusetzen. [2]Werden einem Arbeitnehmer Vermögensbeteiligungen im Sinne des § 2 Abs. 1 Nr. 1 Buchstabe a, b und f des Fünften Vermögensbildungsgesetzes überlassen, die am Tag der Beschlussfassung über die Überlassung an einer deutschen Börse zum amtlichen Handel zugelassen sind, so werden diese mit dem niedrigsten an diesem Tag für sie im amtlichen Handel notierten Kurs angesetzt, wenn am Tag der Überlassung nicht mehr als neun Monate seit dem Tag der Beschlussfassung über die Überlassung vergangen sind. [3]Liegt am Tag der Beschlussfassung über die Überlassung eine Notierung nicht vor, so werden diese Vermögensbeteiligungen mit dem letzten innerhalb von 30 Tagen vor diesem Tag im amtlichen Handel notierten Kurs angesetzt. [4]Die Sätze 2 und 3 gelten entsprechend für Vermögensbeteiligungen im Sinne des § 2 Abs. 1 Nr. 1 Buchstabe a, b und f des Fünften Vermögensbildungsgesetzes, die im Inland zum geregelten Markt zugelassen oder in den Freiverkehr einbezogen sind oder in einem anderen Staat des Europäischen Wirtschaftsraums zum Handel an einem geregelten Markt im Sinne des Artikels 1 Nr. 13 der Richtlinie 93/22/EWG des Rates vom 10. Mai 1993 über Wertpapierdienstleistungen (ABl. EG Nr. L 141 S. 27) zugelassen sind. [5]Sind am Tag der Überlassung von Vermögensbeteiligungen im Sinne des § 2 Abs. 1 Nr. 1 Buchstabe a, b und f des Fünften Vermögensbildungsgesetzes mehr als neun Monate seit dem Tag der Beschlussfassung über die Überlassung vergangen, so tritt an die Stelle des Tages der Beschlussfassung über die Überlassung im Sinne der

Sätze 2 bis 4 der Tag der Überlassung. ⁶Der Wert von Vermögensbeteiligungen im Sinne des § 2 Abs. 1 Nr. 1 Buchstabe c des Fünften Vermögensbildungsgesetzes wird mit dem Ausgabepreis am Tag der Überlassung angesetzt. ⁷Der Wert von Vermögensbeteiligungen im Sinne des § 2 Abs. 1 Nr. 1 Buchstabe g, i, k und l des Fünften Vermögensbildungsgesetzes wird mit dem Nennbetrag angesetzt, wenn nicht besondere Umstände einen höheren oder niedrigeren Wert begründen.

Fünftes Gesetz zur Förderung der Vermögensbildung der Arbeitnehmer (Auszug)

§ 1 Persönlicher Geltungsbereich

(1) Die Vermögensbildung der Arbeitnehmer durch vereinbarte vermögenswirksame Leistungen der Arbeitgeber wird nach den Vorschriften dieses Gesetzes gefördert.

(2) ¹Arbeitnehmer im Sinne dieses Gesetzes sind Arbeiter und Angestellte einschließlich der zu ihrer Berufsausbildung Beschäftigten. ²Als Arbeitnehmer gelten auch die in Heimarbeit Beschäftigten.

(3) Die Vorschriften dieses Gesetzes gelten nicht

1. für vermögenswirksame Leistungen juristischer Personen an Mitglieder des Organs, das zur gesetzlichen Vertretung der juristischen Person berufen ist,
2. für vermögenswirksame Leistungen von Personengesamtheiten an die durch Gesetz, Satzung oder Gesellschaftsvertrag zur Vertretung der Personengesamtheit berufenen Personen.

(4) Für Beamte, Richter, Berufssoldaten und Soldaten auf Zeit gelten die nachstehenden Vorschriften dieses Gesetzes entsprechend.

§ 2 Vermögenswirksame Leistungen, Anlageformen

(1) Vermögenswirksame Leistungen sind Geldleistungen, die der Arbeitgeber für den Arbeitnehmer anlegt

1. als Sparbeiträge des Arbeitnehmers auf Grund eines Sparvertrags über Wertpapiere oder andere Vermögensbeteiligungen (§ 4)

a) zum Erwerb von Aktien, die vom Arbeitgeber ausgegeben werden oder an einer deutschen Börse zum amtlichen Handel oder zum geregelten Markt zugelassen oder in den geregelten Freiverkehr einbezogen sind,
b) zum Erwerb von Wandelschuldverschreibungen, die vom Arbeitgeber ausgegeben werden oder an einer deutschen Börse zum amtlichen Handel oder zum geregelten Markt zugelassen oder in den Freiverkehr einbezogen sind, sowie von Gewinnschuldverschreibungen, die vom Arbeitgeber ausgegeben werden, zum Erwerb von Namensschuldverschreibungen des Arbeitgebers jedoch nur dann, wenn auf dessen Kosten die Ansprüche des Arbeitnehmers aus der Schuldverschreibung durch ein Kreditinstitut verbürgt oder durch ein Versicherungsunternehmen privatrechtlich gesichert sind und das Kreditinstitut oder Versicherungsunternehmen im Geltungsbereich dieses Gesetzes zum Geschäftsbetrieb befugt ist,
c) zum Erwerb von Anteilen an Sondervermögen nach den §§ 46 bis 65 und 83 bis 86 des Investmentgesetzes sowie von ausländischen Investmentanteilen, die nach dem Investmentgesetz öffentlich vertrieben werden dürfen, wenn nach dem Jahresbericht für das vorletzte Geschäftsjahr, das dem Kalenderjahr des Abschlusses des Vertrags im Sinne des § 4 oder des § 5 vorausgeht, der Wert der Aktien in diesem Sondervermögen 60 vom Hundert des Werts dieses Sondervermögens nicht unterschreitet; für neu aufgelegte Sondervermögen ist für das erste und zweite Geschäftsjahr der erste Jahresbericht oder der erste Halbjahresbericht nach Auflegung des Sondervermögens maßgebend,
d) (weggefallen)
e) (weggefallen)
f) zum Erwerb von Genussscheinen, die vom Arbeitgeber als Wertpapiere ausgegeben werden oder an einer deutschen Börse zum amtlichen Handel oder zum geregelten Markt zugelassen oder in den Freiverkehr einbezogen sind und von Unternehmen mit Sitz und Geschäftsleitung im Geltungsbereich dieses Gesetzes, die keine Kreditinstitute sind, ausgegeben werden, wenn mit den Genussscheinen das Recht am Gewinn eines Unternehmens verbunden ist und der Arbeitnehmer nicht als Mitunternehmer im Sinne des § 15 Abs. 1 Nr. 2 des Einkommensteuergesetzes anzusehen ist,
g) zur Begründung oder zum Erwerb eines Geschäftsguthabens bei einer Genossenschaft mit Sitz und Geschäftsleitung im Geltungsbereich dieses Gesetzes; ist die Genossenschaft nicht der Arbeitgeber, so setzt die Anlage vermögenswirksamer Leistungen voraus, dass die Genossenschaft entweder ein Kreditinstitut oder

eine Bau- oder Wohnungsgenossenschaft im Sinne des § 2 Abs. 1 Nr. 2 des Wohnungsbau-Prämiengesetzes ist, die zum Zeitpunkt der Begründung oder des Erwerbs des Geschäftsguthabens seit mindestens drei Jahren im Genossenschaftsregister ohne wesentliche Änderung ihres Unternehmensgegenstandes eingetragen und nicht aufgelöst ist oder Sitz und Geschäftsleitung in dem in Artikel 3 des Einigungsvertrages genannten Gebiet hat und dort entweder am 1. Juli 1990 als Arbeiterwohnungsbaugenossenschaft, Gemeinnützige Wohnungsbaugenossenschaft oder sonstige Wohnungsbaugenossenschaft bestanden oder einen nicht unwesentlichen Teil von Wohnungen aus dem Bestand einer solchen Bau- oder Wohnungsgenossenschaft erworben hat,

h) zur Übernahme einer Stammeinlage oder zum Erwerb eines Geschäftsanteils an einer Gesellschaft mit beschränkter Haftung mit Sitz und Geschäftsleitung im Geltungsbereich dieses Gesetzes, wenn die Gesellschaft das Unternehmen des Arbeitgebers ist,

i) zur Begründung oder zum Erwerb einer Beteiligung als stiller Gesellschafter im Sinne des § 230 des Handelsgesetzbuchs am Unternehmen des Arbeitgebers mit Sitz und Geschäftsleitung im Geltungsbereich dieses Gesetzes, wenn der Arbeitnehmer nicht als Mitunternehmer im Sinne des § 15 Abs. 1 Nr. 2 des Einkommensteuergesetzes anzusehen ist,

k) zur Begründung oder zum Erwerb einer Darlehensforderung gegen den Arbeitgeber, wenn auf dessen Kosten die Ansprüche des Arbeitnehmers aus dem Darlehensvertrag durch ein Kreditinstitut verbürgt oder durch ein Versicherungsunternehmen privatrechtlich gesichert sind und das Kreditinstitut oder Versicherungsunternehmen im Geltungsbereich dieses Gesetzes zum Geschäftsbetrieb befugt ist,

l) zur Begründung oder zum Erwerb eines Genussrechts am Unternehmen des Arbeitgebers mit Sitz und Geschäftsleitung im Geltungsbereich dieses Gesetzes, wenn damit das Recht am Gewinn dieses Unternehmens verbunden ist, der Arbeitnehmer nicht als Mitunternehmer im Sinne des § 15 Abs. 1 Nr. 2 des Einkommensteuergesetzes anzusehen ist und über das Genussrecht kein Genussschein im Sinne des Buchstaben f ausgegeben wird,

(2) ¹Aktien, Wandelschuldverschreibungen, Gewinnschuldverschreibungen oder Genussscheine eines Unternehmens, das im Sinne des § 18 Abs. 1 des Aktiengesetzes als herrschendes Unternehmen mit dem Unternehmen des Arbeitgebers verbunden ist, stehen Aktien, Wandelschuldverschreibungen, Gewinnschuldverschreibungen oder Genussscheinen im Sinne des Absatzes 1 Nr. 1 Buchstabe a, b oder f gleich, die vom Arbeitgeber ausgegeben werden. ²Ein Geschäftsguthaben bei einer Genossen-

schaft mit Sitz und Geschäftsleitung im Geltungsbereich dieses Gesetzes, die im Sinne des § 18 Abs. 1 des Aktiengesetzes als herrschendes Unternehmen mit dem Unternehmen des Arbeitgebers verbunden ist, steht einem Geschäftsguthaben im Sinne des Absatzes 1 Nr. 1 Buchstabe g bei einer Genossenschaft, die das Unternehmen des Arbeitgebers ist, gleich. ³Eine Stammeinlage oder ein Geschäftsanteil an einer Gesellschaft mit beschränkter Haftung mit Sitz und Geschäftsleitung im Geltungsbereich dieses Gesetzes, die im Sinne des § 18 Abs. 1 des Aktiengesetzes als herrschendes Unternehmen mit dem Unternehmen des Arbeitgebers verbunden ist, stehen einer Stammeinlage oder einem Geschäftsanteil im Sinne des Absatzes 1 Nr. 1 Buchstabe h an einer Gesellschaft, die das Unternehmen des Arbeitgebers ist, gleich. ⁴Eine Beteiligung als stiller Gesellschafter an einem Unternehmen mit Sitz und Geschäftsleitung im Geltungsbereich dieses Gesetzes, das im Sinne des § 18 Abs. 1 des Aktiengesetzes als herrschendes Unternehmen mit dem Unternehmen des Arbeitgebers verbunden ist oder das auf Grund eines Vertrags mit dem Arbeitgeber an dessen Unternehmen gesellschaftsrechtlich beteiligt ist, steht einer Beteiligung als stiller Gesellschafter im Sinne des Absatzes 1 Nr. 1 Buchstabe i gleich. ⁵Eine Darlehensforderung gegen ein Unternehmen mit Sitz und Geschäftsleitung im Geltungsbereich dieses Gesetzes, das im Sinne des § 18 Abs. 1 des Aktiengesetzes als herrschendes Unternehmen mit dem Unternehmen des Arbeitgebers verbunden ist, oder ein Genussrecht an einem solchen Unternehmen stehen einer Darlehensforderung oder einem Genussrecht im Sinne des Absatzes 1 Nr. 1 Buchstabe k oder l gleich.

(3) Die Anlage vermögenswirksamer Leistungen in Gewinnschuldverschreibungen im Sinne des Absatzes 1 Nr. 1 Buchstabe b und des Absatzes 2 Satz 1, in denen neben der gewinnabhängigen Verzinsung eine gewinnunabhängige Mindestverzinsung zugesagt ist, setzt voraus, dass

1. der Aussteller in der Gewinnschuldverschreibung erklärt, die gewinnunabhängige Mindestverzinsung werde im Regelfall die Hälfte der Gesamtverzinsung nicht überschreiten, oder
2. die gewinnunabhängige Mindestverzinsung zum Zeitpunkt der Ausgabe der Gewinnschuldverschreibung die Hälfte der Emissionsrendite festverzinslicher Wertpapiere nicht überschreitet, die in den Monatsberichten der Deutschen Bundesbank für den viertletzten Kalendermonat ausgewiesen wird, der dem Kalendermonat der Ausgabe vorausgeht.

(4) Die Anlage vermögenswirksamer Leistungen in Genussscheinen und Genussrechten im Sinne des Absatzes 1 Nr. 1 Buchstaben f und l und des Absatzes 2 Satz 1 und 5 setzt voraus, dass eine Rückzahlung zum Nenn-

wert nicht zugesagt ist; ist neben dem Recht am Gewinn eine gewinnunabhängige Mindestverzinsung zugesagt, gilt Absatz 3 entsprechend.

(5) Der Anlage vermögenswirksamer Leistungen nach Absatz 1 Nr. 1 Buchstabe f, i bis l, Absatz 2 Satz 1, 4 und 5 sowie Absatz 4 in einer Genossenschaft mit Sitz und Geschäftsleitung im Geltungsbereich dieses Gesetzes stehen § 19 und eine Festsetzung durch Satzung gemäß § 20 des Genossenschaftsgesetzes nicht entgegen.

(5 a) ¹Der Arbeitgeber hat vor der Anlage vermögenswirksamer Leistungen im eigenen Unternehmen in Zusammenarbeit mit dem Arbeitnehmer Vorkehrungen zu treffen, die der Absicherung der angelegten vermögenswirksamen Leistungen bei einer während der Dauer der Sperrfrist eintretenden Zahlungsunfähigkeit des Arbeitgebers dienen. ²Das Bundesministerium für Arbeit und Sozialordnung berichtet den gesetzgebenden Körperschaften bis zum 30. Juni 2002 über die nach Satz 1 getroffenen Vorkehrungen.

(6) ¹Vermögenswirksame Leistungen sind steuerpflichtige Einnahmen im Sinne des Einkommensteuergesetzes und Einkommen, Verdienst oder Entgelt (Arbeitsentgelt) im Sinne der Sozialversicherung und des Dritten Buches Sozialgesetzbuch. ²Reicht der nach Abzug der vermögenswirksamen Leistung verbleibende Arbeitslohn zur Deckung der einzubehaltenden Steuern, Sozialversicherungsbeiträge und Beiträge zur Bundesagentur für Arbeit nicht aus, so hat der Arbeitnehmer dem Arbeitgeber den zur Deckung erforderlichen Betrag zu zahlen.

(7) ¹Vermögenswirksame Leistungen sind arbeitsrechtlich Bestandteil des Lohns oder Gehalts. ²Der Anspruch auf die vermögenswirksame Leistung ist nicht übertragbar.

Glossar

Begriff	Erläuterung
Aktie	Wertpapier, das ein Anteilsrecht an einer Aktiengesellschaft verbrieft.
Aktiengesellschaft	Kapitalgesellschaft mit eigener Rechtspersönlichkeit, für deren Verbindlichkeiten nur das Gesellschaftsvermögen haftet. Zur Gründung ist ein Grundkapital in Höhe von Euro 50.000,– erforderlich, welches in Aktien zerlegt ist. In Deutschland beträgt der Nennwert einer Aktie mindestens Euro 1,–. Organe der Aktiengesellschaft sind Hauptversammlung, Vorstand und Aufsichtsrat.
Aktienoption	Eine Aktienoption berechtigt je nach Art zum Kauf oder Verkauf einer Aktie innerhalb einer bestimmten festgelegten Frist und bei vorher vereinbartem Preis.
Aktionär	Eigentümer von Aktien einer Aktiengesellschaft und damit Gesellschafter bzw. Miteigentümer des Unternehmens.
Atypisch stille Gesellschaft	Sonderform der stillen Gesellschaft nach den Vorschriften der §§ 230 bis 237 des Handelsgesetzbuches. Die atypisch stille Gesellschaft ist als solche gesetzlich nicht definiert. Der Begriff atypisch wurde in der Steuerrechtsprechung entwickelt und soll ausdrücken, dass der atypisch stille Gesellschafter – zulässigerweise abweichend vom gesetzlichen Idealtypus, also der typisch stillen Gesellschaft – sowohl das unternehmerische Risiko (Gewinn- und Verlustbeteiligung sowie Beteiligung am Unternehmenswert und den stillen Reserven) mitträgt als auch Mitunternehmerinitiative entwickelt (im Sinne von Mitspracherechten bei der Geschäftsführung des Unternehmens). Die Mitunternehmerinitiative ist regelmäßig auf einige wenige Grundsatzentscheidungen in Bezug

Begriff	Erläuterung
	auf das Unternehmen (z.B. Änderung des Unternehmensgegenstandes) beschränkt. Durch seine Gewinn- und Verlustbeteiligung erhält der atypisch Stille Gesellschafter nach dem Einkommensteuergesetz positive oder negative Einkünfte aus Gewerbebetrieb, die sein zu versteuerndes Einkommen entsprechend steigern oder mindern können. Bei entsprechender Gestaltung des atypisch stillen Gesellschaftsvertrags können die stillen Einlagen bei dem Beteiligungsunternehmen als Eigenkapital bilanziert werden.
Basel II	Basel II bezeichnet die Gesamtheit der Eigenkapitalvorschriften des Basler Ausschusses für Bankenaufsicht. Mit seinem Regelwerk will der Basler Ausschuss für Bankenaufsicht, dem die Notenbanken und Aufsichtsbehörden der wichtigsten Industrieländer angehören, vor allem die Erfassung der Kreditrisiken verbessern. Die Regeln müssen gemäß den EU-Richtlinien 2006/48/EG und 2006/49/EG seit dem 1. Januar 2007 in den Mitgliedsstaaten der Europäischen Union für alle Kreditinstitute und Finanzdienstleistungsinstitute angewendet werden. Die Umsetzung in deutsches Recht ist durch das Kreditwesengesetz, die „Mindestanforderungen an das Risikomanagement" (MaRisk) für die „zweite Säule" von Basel II sowie die Solvabilitätsverordnung (SolvV) für die „erste" und „dritte Säule" von Basel II erfolgt.
Belegschaftsaktie	Form der Mitarbeiterkapitalbeteiligung. Aktie, die den Mitarbeitern eines Unternehmens in der Regel zu einem günstigen Preis überlassen wird, um die Motivation der Mitarbeiter und ihr Interesse am Unternehmen zu fördern.
Bundesanstalt für Finanzdienstleistungsaufsicht (BaFin)	Bundesanstalt für Finanzdienstleistungsaufsicht. Sie vereint die drei ehemaligen Bundesaufsichtsämter für Kreditwesen, für das Versicherungswesen und für den Wertpapierhandel. Die BaFin ist eine rechtsfähige, bundesunmittelbare Anstalt des öffentlichen Rechts und unterliegt der Rechts- und Fachaufsicht des Bundesministeriums der Finanzen. Hauptaufgabengebiet ist die Sicherung der Funktionsfähigkeit, Stabilität und Integrität des gesamten deutschen Finanzsystems.

Begriff	Erläuterung
Beteiligung	Mit Beteiligung bezeichnet man den Besitz von Anteilen an einem Unternehmen. In der Regel eine unter gesellschaftsrechtlichen Bedingungen geregelte Kapitalhingabe an Kapital- oder Personengesellschaften. Sie bezweckt einen Anspruch an den erwirtschafteten Erträgen des Unternehmens, beinhaltet aber auch das Risiko des Kapitalverlustes bzw. der Kapitalminderung.
Bonität	Kreditwürdigkeit einer natürlichen oder juristischen Person. Je besser die Bonität von Dritten beurteilt wird, desto einfacher ist es für die Person, sich Kredit zu verschaffen. Im Bereich von Unternehmen wird die Prüfung u.a. durch sog. Ratings vorgenommen.
Eigenkapital	Eigenkapital zählt zu den Finanzierungsmitteln eines Unternehmens. Es entsteht durch Einzahlungen bzw. Vermögenseinbringung der Eigentümer (Kapitalerhöhung), darüber hinaus z. B. aus einbehaltenen Gewinnen (Selbstfinanzierung) und Rückstellungen. Zum Eigenkapital zählen vor allem das gezeichnete Kapital – das ist das Grundkapital einer Aktiengesellschaft bzw. Stammkapital einer GmbH –, die Kapital- und Gewinnrücklagen sowie ein möglicher Gewinnvortrag.
Eigenkapitalquote	Die Eigenkapitalquote errechnet sich als Prozentanteil des Eigenkapitals am Gesamtkapital. Grundsätzlich kann man sagen, je höher die Eigenkapitalquote ist, umso geringer ist die Wahrscheinlichkeit einer Unternehmensinsolvenz. Allerdings kann eine zu geringe Eigenkapitalquote auch als ein Indikator für eine geringe Investitionsbereitschaft eines Unternehmens interpretiert werden. Als „gesund" gilt in der Regel eine Eigenkapitalquote von 25 bis 50 Prozent, ist jedoch von Branche zu Branche unterschiedlich hoch. Die Eigenkapitalquote mittelständischer Unternehmen in Deutschland liegt zum größten Teil bei unter 10 %.
Einkommensteuer	Steuer, die vom Einkommen einer natürlichen Person nach dem EStG unabhängig davon erhoben wird, ob die Einkünfte im In- oder Ausland erzielt werden, sofern die Person ihren Wohnsitz oder gewöhnlichen Aufenthalt im Bundesgebiet hat.

Begriff	Erläuterung
Ergebnisbeteiligung	Beteiligung an Gewinn und Verlust des Unternehmens, die mit dem Eingang der Zeichnungssumme auf dem Konto des Unternehmens beginnt, auf die jeweilige Einlage des Anlegers bezogen ist und durch die tatsächlich eingezahlte Summe begrenzt wird.
Erfolgsbeteiligung	Im Rahmen der Erfolgsbeteiligung werden alle Beteiligungsmodelle zusammengefasst, bei denen dem einzelnen Mitarbeiter durch das Unternehmen zusätzlich zu seinen Lohn bzw. Gehalt ein gewisser Anteil am Unternehmenserfolg gewährt wird. In den meisten Fällen erhalten die Beschäftigten einen Bonus/eine Tantieme als Zusatz zu ihrer Entlohnung.
Fonds	Ein Fonds, genauer ein Investmentfonds, ist ein von einer Kapitalanlagegesellschaft (Investmentgesellschaft) verwaltetes Sondervermögen. Es ist eine Form der Geldanlage. Die Gesellschaft sammelt das Geld der Kapitalanleger, bündelt es in einen Investmentfonds und investiert es nach vorher festgelegten Anlagezielen in unterschiedlichen Anlagebereichen (z.B. Aktien, Immobilien). Durch die Streuung wird das Anlagerisiko minimiert. Mit dem Erwerb von Investmentfondsanteilen wird der Anleger Miteigentümer am Fondsvermögen und hat einen Anspruch auf Gewinnbeteiligung und Anteilsrückgabe zum jeweils gültigen Rücknahmepreis. Das Fondsvermögen wird durch ein professionelles Fondsmanagement verwaltet und ist nach deutschem Recht Sondervermögen, das heißt die Anlagen müssen strikt getrennt von dem Vermögen der Gesellschaft gehalten werden. Die in Deutschland zugelassenen Investmentfonds unterliegen der Aufsicht der BaFin.
Genussrecht	Ein Genussrecht ist ein schuldrechtliches Kapitalüberlassungsverhältnis. Der Genussrechtsinhaber stellt dem Genussrechtsemittenten das Genusskapital zur Verfügung. Dafür erhält er eine gewinnabhängige Dividende. Begriff und Inhalt der Genussrechte sind gesetzlich nicht definiert und bieten daher vielfältige Gestaltungsmöglichkeiten. Im Unterschied zur Aktie beinhalten sie keine Mitgliedschaftsrechte.

Begriff	Erläuterung
Geschäftsanteil	Mit dem Rechtsbegriff Geschäftsanteil bezeichnet man im Recht der deutschen GmbH den Anteil eines Gesellschafters am Stammkapital (dem Gesellschaftsvermögen) der GmbH. Häufig wird der Begriff synonym mit dem Begriff Gesellschaftsanteil verwendet.
Gewinnausschüttung	Ausschüttung des unter Gewinnvorbehalts stehenden jährlichen Dividendenanspruchs des Anlegers.
Grundkapital	In einer Geldsumme ausgedrücktes satzungsmäßiges Mindestkapital der AG. Die Einlagen auf das Grundkapital dürfen von der AG weder verzinst noch an die Aktionäre zurückgezahlt werden. Es muss mindestens Euro 50.000,– betragen.
Handelsregister	Das Handelsregister ist das amtliche Verzeichnis der Kaufleute eines Amtsgerichtsbezirkes. Das Register wird beim zuständigen Amtsgericht geführt und unterrichtet die Öffentlichkeit über die grundlegenden Rechtsverhältnisse der Unternehmungen. Im Handelsregister eingetragene und veröffentlichte Tatbestände gelten als allgemein bekannt und können gegenüber jedermann geltend gemacht werden. Jedermann hat das Recht auf Einsicht und kann eine Kopie von den Eintragungen und Schriftstücken verlangen.
Hauptversammlung	Jährliche, regelmäßige, d.h. ordentliche oder seltener unregelmäßige, d.h. außerordentliche Versammlung der Aktionäre; wesentliches Entscheidungsforum der Aktionäre.
Humankapital	Der Begriff betriebliches Humankapital umschreibt die große Bedeutung qualifizierter und motivierter Mitarbeiter für die Wettbewerbsfähigkeit eines Unternehmens und soll eine wesentliche Grundlage moderner Unternehmens- und Personalpolitik verdeutlichen: Mitarbeiter sind mehr als nur reine Produktions- und Kostenfaktoren. Damit werden Leistungsbereitschaft und Know-how der Mitarbeiter sowie alle Mittel und Bemühungen, diese zu erhalten und zu stärken, mehr als bisher in den Mittelpunkt unternehmens- und personalpolitischer Zielsetzungen gerückt.

Begriff	Erläuterung
Kapitalbeteiligung	Bei der Kapitalbeteiligung und damit der Mitarbeiterbeteiligung im engeren Sinne wird dem Unternehmen von den Mitarbeitern Kapital zur Verfügung gestellt, das sich entsprechend der jeweiligen Ertragssituation vergrößert und bei bestimmten Ausgestaltungen bei Verlusten des Geschäftsbetriebes auch zu Verlusten im Rahmen der Mitarbeiterbeteiligung führen kann. Bei einer Beteiligung am Kapital des Unternehmens entsteht ein über das arbeitsrechtliche Verhältnis hinausgehendes gesellschafts- oder schuldrechtliches Verhältnis zwischen dem Unternehmen und dem Mitarbeiter.
Kapitalertragsteuer	Die Kapitalertragsteuer ist eine Quellensteuer. Erträge aus z. B. Vermögensanlagen und Wertpapieren werden direkt bei dem emittierenden Unternehmen bzw. der Depotbank besteuert, um dem Fiskus einen schnellen und direkten Zugriff auf die Steuer zu ermöglichen. Die abgeführte Kapitalertragsteuer führt bei dem Anleger zu einer Steuergutschrift, die im Rahmen der persönlichen Einkommensbesteuerung berücksichtigt wird.
Körperschaftsteuer	Der Körperschaftsteuer unterliegt das Einkommen von Körperschaften, Personenvereinigungen und Vermögensmassen, die ihre Geschäftsleitung oder ihren Sitz im Inland haben. Körperschaftsteuerpflichtig sind juristische Personen, z. B. Kapitalgesellschaften (Aktiengesellschaft, Gesellschaft mit beschränkter Haftung), aber auch Versicherungsvereine, ein Betrieb gewerblicher Art einer Körperschaft des öffentlichen Rechts. Die Körperschaftsteuer bemisst sich nach dem zu versteuernden Einkommen der Kapitalgesellschaft. Ausgangsbasis für die Ermittlung des zu versteuernden Einkommens einer Kapitalgesellschaft ist der Gewinn. Dieser wird nach den Vorschriften des Körperschaftsteuergesetzes (KStG) und des Einkommensteuergesetzes (EStG) ermittelt. Der Steuersatz beträgt 25 %, ab 2008 nur noch 15 %.
Liquidationserlös	Erlös, der nach Auflösung der Gesellschaft, Einziehung von eventuellen Forderung, Befriedigung von Gläubigern und Umsetzung des restlichen Vermögens in Geld übrig bleibt.

Begriff	Erläuterung
Liquidität	Liquidität sind die flüssigen Zahlungsmittel, die einem Unternehmen unmittelbar zur Verfügung stehen, sowie die Fähigkeit eines Unternehmens, alle fälligen Verbindlichkeiten fristgerecht zu erfüllen.
Mezzanine-Kapital	Mezzanine-Kapital (der Begriff steht im Bauwesen für ein Zwischengeschoss) ist eine Zwischenform von Eigen- und Fremdkapital. Finanzierungstechnisch bieten Mezzanine-Instrumente die Möglichkeit, die besten Elemente der Eigen- und Fremdkapitalfinanzierung zu verbinden. Die Unternehmen erhalten erhebliche Gestaltungsspielräume in Bezug auf den Kapitalmarktcharakter und die Mitwirkungsrechte. Es kann in Form von Genussrechten oder durch eine stille Beteiligung begeben werden. Der große Vorteil besteht darin, dass das Unternehmen seine Eigenkapitalbasis verstärken kann, ohne dafür den Investoren volle Gesellschafterrechte einräumen zu müssen.
Mitarbeiterbeteiligung	Unter einer Mitarbeiterbeteiligung versteht man allgemein zunächst die Stärkung der innerbetrieblichen Zusammenarbeit durch ein partnerschaftliches Miteinander von Unternehmensleitung und Mitarbeitern infolge einer vertraglichen und dauerhaften Beteiligung von Mitarbeitern am Vermögen des arbeitgebenden Unternehmens. Dabei werden zwei unterschiedliche Konzepte unterschieden: zum einen die materielle (finanzielle) und zum anderen die immaterielle (ideelle) Beteiligung.
Nachrangabrede	Genussrechtsinhaber bzw. stille Gesellschafter können ihre Rückzahlungsansprüche im Insolvenz- bzw. im Liquidationsfall erst nach der vollständigen Befriedigung aller anderen Gläubiger geltend machen.
Partiarisches Darlehen	Das partiarische Darlehen wird nicht mit einem festen Zins vereinbart, sondern mit einer Beteiligung am Umsatz oder Gewinn des Darlehensnehmers.
Rangrücktritt	Vereinbarung, dass im Falle der Liquidation oder der Insolvenz des Unternehmens die Ansprüche der Gesellschafter erst nach Befriedigung aller Gläubiger des Unternehmens zurückzuzahlen sind.

Begriff	Erläuterung
Rating	Unter Rating versteht man die Bewertung von Unternehmen unter Zuhilfenahme objektiver Bewertungsmaßstäbe. Das Ergebnis des Ratings bestimmt die Möglichkeit der Unternehmen, sich Fremdkapital und auch Eigenkapital zu besorgen. Während das Rating bei großen, kapitalmarktnotierten Gesellschaften bereits eine lange Tradition aufweist, hat es für mittelständische Unternehmen durch Kredit gewährende Banken erst in den letzten Jahren an Bedeutung gewonnen.
Satzung	Die Satzung regelt die Belange der Gesellschaft wie Firma, Sitz, Unternehmensgegenstand, Rechtsform, Höhe des Grundkapitals, Gründungsgesellschafter, Einlagenhöhe, Vorstand etc.
Stammkapital	Als Stammkapital bezeichnet man die bei einer GmbH von den Gesellschaftern zu erbringende Kapitaleinlage. Es ist zu unterscheiden vom Grundkapital, das bei der Gründung einer Aktiengesellschaft aufzubringen ist. Nach § 5 Abs. 1 GmbHG muss es mindestens 25.000 EUR betragen.
Stille Gesellschaft	Sonderform der Gesellschaft. Sie entsteht dadurch, dass sich eine natürliche Person oder juristische Person am Handelsgewerbe eines anderen mit einer Vermögenseinlage beteiligt. Die stille Gesellschaft ist eine Innengesellschaft. Für einen Außenstehenden ist sie in der Regel nicht erkennbar. Etwas anderes gilt bei einer Beteiligung an einer Aktiengesellschaft. Hier muss die Beteiligung eines stillen Gesellschafters veröffentlicht werden.
Typisch stille Beteiligung	Hier ist der stille Gesellschafter am Gewinn und je nach Vereinbarung am Verlust des Unternehmens beteiligt, nicht jedoch am Vermögen der Gesellschaft.

Wer Finanzen plant, gewinnt!

Bestandsaufnahme, Vermögensanalyse, -planung, -aufbau und -sicherung

Von Helmut Keller

ISBN 10: 3-86556-119-5
ISBN 13: 978-3-86556-119-0
Art.-Nr. 22.380-0600

198 Seiten, broschiert
€ 15,00

Über das Buch
Diese Neuerscheinung bietet eine systematische, praktische Hilfestellung bei der Analyse der privaten Finanzen und unterstützt beim Aus- und Aufbau einer soliden finanziellen Basis. Das Thema Altersvorsorge spielt dabei eine besonders große Rolle und wird entsprechend ausführlich dargestellt.

Das Buch gibt kompetente Antwort auf viele aktuelle Fragen rund um die persönliche Finanzlage:
Wie sieht meine finanzielle Situation aus?
Wie kann ich längerfristig planen und an was muss ich dabei denken?
Welche Informationen benötige ich?
Wer hilft mir bei den wichtigsten Entscheidungen?
Wie reagiere ich auf Veränderungen?
Waren meine bisherigen Entscheidungen richtig; passen sie noch in ein schlüssiges Gesamtkonzept?
Wie sichere ich mich, meine Familie und/oder meinen Partner richtig ab?
Wie betreibe ich konsequent eine lebensphasenadäquate Vermögensplanung, einen nicht nur steuerlich optimalen Vermögensaufbau, und wie sichere ich mein Vermögen dauerhaft ab?

Inhalt
- Grundsatzüberlegungen
- Finanz-Status
  - Persönliche Daten und Fakten
  - Gesetzliche und betriebliche Altersvorsorge
  - Private Altersvorsorge
  - Wichtige Versicherungen
  - Familie/Partnerschaft
  - Steuerfragen
- Vermögensanalyse
- Vermögensplanung und Vermögensaufbau
- Vermögenssicherung und Schuldnerberatung
- Optimierte Finanz- und Schuldnerberatung
- Zahlreiche Checklisten zu allen Themen

Autor
Helmut Keller ist Bankkaufmann mit langjähriger Praxis in einer Großbank. Er ist Spezialist für das Privatkundengeschäft und leistete Pionierarbeit bei leistungsgestörten Krediten und im Work-Out-Bereich. Er ist in der Aus- und Weiterbildung und auch in der Schuldnerhilfe und -beratung tätig.

Zielgruppe
- Private Anleger
- Kundenberater in Kreditinstituten
- Finanzberater, Vermögensberater

Bank-Verlag Medien GmbH
Wendelinstraße 1, 50933 Köln
Tel.: 0221 5490-500, Fax: 0221 5490-316
www.bank-verlag-medien.de

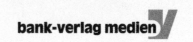

Private Equity

Finanzierungsinstrument und Anlagemöglichkeit

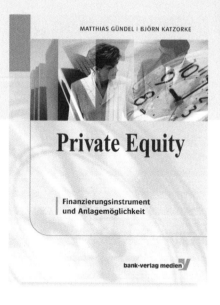

Von Dr. Matthias Gündel und
Björn Katzorke

1. Auflage
ISBN 978-3-86556-144-2
Art.-Nr. 22.393-0700

248 Seiten, gebunden
€ 49,00

Über das Buch

Viele Unternehmen überdenken derzeit ihre Kapitalstruktur. In diesem Zusammenhang ist der Begriff Private Equity in aller Munde. Private Equity dient als Überbegriff für den gesamten Markt der Privaten Unternehmensfinanzierungen als Gegenstück zum Public Market. Der Begriff bezeichnet einerseits ein flexibles Finanzierungsinstrument aus der Sicht kapitalsuchender Unternehmen und andererseits eine interessante Anlage- bzw. Investitionskategorie für Kapitalgeber.

Das Buch erklärt, warum die Aufnahme eines Finanzinvestors auch für mittelständische Unternehmen eine attraktive Form der „Eigenkapitalfinanzierung auf Zeit" darstellen kann und informiert sowohl ausführlich über die verschiedenen Formen einer Finanzierung mittels Private Equity als auch über die wichtigsten rechtlichen Rahmenbedingungen. Die Chancen des Private Equity werden verdeutlicht und etwaige Fallstricke aufgezeigt.

Inhalt

- Erklärung des Begriffs Private Equity
- Private-Equity-Märkte
- Formen von Private Equity
- Entwicklungschancen mittelständischer Unternehmen
- Entscheidungskriterien der Kapitalgeber
- Strukturierung einer Private-Equity-Finanzierung
- Aufnahme eines institutionellen Investors u. v. m.

Autoren

Dr. Matthias Gündel ist geschäftsführender Partner einer Kanzlei in Göttingen und hat sich auf die Beratung und Betreuung von Kapitalmarkttransaktionen einschließlich Private Equity spezialisiert. *Björn Katzorke* ist Geschäftsführer und Partner in einer Rechtsanwaltsgesellschaft mit u.a. folgenden Aufgabenschwerpunkten: Finanzierung des Mittelstands und Fragen des Aufsichtsrechts.

Zielguppe

- Firmenkundenberater in Banken und Finanzdienstleistungsunternehmen
- Vorstände, Fach- und Führungskräfte in mittelständischen Unternehmen
- Unternehmens- und Steuerberater
- Wirtschaftsprüfer
- Interessierte Anleger

Bank-Verlag Medien GmbH
Wendelinstraße 1, 50933 Köln
Tel.: 0221 5490-500, Fax: 0221 5490-315
www.bank-verlag-medien.de

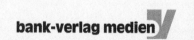